AF501654

TABLEAU

DE

LA DETTE PUBLIQUE

ET

DES BUDGETS.

Imprimerie de J. BELIN-LEPRIEUR FILS, rue de la Monnaie, 11.

TABLEAU

DE LA

DETTE PUBLIQUE

Et des Misères du Trésor

SUIVI

D'UN EXPOSÉ DÉTAILLÉ

DES BUDGETS.

> Les vers qui me dévorent ne dorment point. Leur multitude consume mon vêtement. Ils m'environnent et me serrent...
>
> (*Job*, ch. 30.)

PARIS

PAULIN, LIBRAIRE-ÉDITEUR,

RUE DE SEINE, 33.

1842

Il a été distribué pendant la dernière session 10,230 pages de comptes et documents (de finances principalement) à chacun des membres des deux Chambres et à un petit nombre d'autres personnages privilégiés. Tous les ans, de semblables publications sont faites par les soins des différents ministères; mais le public, proprement dit, ne peut se procurer que ceux de ces livres qui sont abandonnés par leurs possesseurs, et ceux que l'Imprimerie royale est autorisée à vendre — chèrement ; car leur confection est chère.

Cette prodigieuse publicité est donc fort étroite ; et il faut ajouter que si les comptes officiels présentent souvent de l'intérêt par leurs tableaux statistiques, par leurs développements divers et même par leurs seules nomenclatures, ils ne contiennent que de rares explications élémentaires.

Peu de personnes ont ainsi la possibilité de rechercher et d'apprécier l'importance de notre *dette publique* dans ses détails, dans son origine, dans ses progrès, dans son mécanisme ; d'autres n'ont pas la patience d'en réunir les éléments dispersés. — La situation actuelle du Trésor, ses besoins et ses ressources ne sont point non plus bien appréciés, généralement, malgré tous les éclaircissements donnés... ou plutôt à cause de ces éclaircissements (contradictoires) : car les finances se lient intimement aux choses politiques ; et les chiffres, comme tout ce qui sert à communiquer des idées, ne sont dans les discussions que les dociles instruments d'opinions et d'intérêts contraires. En dehors de ces discussions, on peut se tromper, sans doute; mais au moins on dit ce que l'on sait; on parle comme on pense : sans hostilité ni abnégation systématiques. C'est dans ces dispositions que ce livre a été écrit. L'administration (c'est-à-dire celle d'hier, celle d'aujourd'hui, celle *de demain* même) y est peut-être critiquée, comme elle y est défendue, dans certaines appréciations financières; mais les digressions et discussions politiques y ont été évitées. Elles auraient été déplacées dans des notes qui ne présentent qu'un *tableau détaillé et explicatif des dettes perpétuelle, viagère et flottante, et de la Caisse d'amortissement.*

Ces notes ne causaient donc qu'une préoccupation, comme elles ne présentaient qu'une difficulté pour leur disposition : ne s'adressant pas à ceux qui, par devoir ou par goût, connaissent tous ces détails de finances, elles devaient se soumettre d'avance aux exigences de beaucoup de lecteurs qui auraient été tout d'abord effrayés par un trop grand nombre de chiffres, puis bientôt rebutés par des commentaires secs et ardus....., et à côté de la difficulté était le danger de passer le but.....

Les explications sur la dette publique et sur quelques matières qui s'y rattachent, sont suivies d'un tableau des recettes et des dépenses des budgets, qui feront un jour peut-être l'objet d'une publication plus détaillée.

Tous les chiffres présentés ici (et même tous les faits qu'on peut appeler *absolus*, *comparativement* aux considérations et raisonnements qui en découlent) ont été puisés dans des documents publics, ou en ont été déduits : car tout ce qui touche *aux finances* est public. Tout : sans exception. — *La lumière n'est plus tenue sous le boisseau*, ainsi que cela fut longtemps, ainsi que beaucoup trop de personnes le croient encore. — Il ne faut pas confondre quelques abus presque inévitables et plus ou moins obscurs, quelques rares indélicatesses, avec les opérations loyales et les travaux de l'administration des finances.

OBSERVATIONS

SUR LE VOTE DES DÉPENSES PUBLIQUES.[1]

« La France est un pré que je fauche tous les ans « et d'aussi près qu'il me plaît, » répondit un roi à qui l'on avait demandé ce qu'elle lui valait. Longtemps il en fut ainsi ; mais enfin la faux changea de main.... et les abus étaient si bien entrés dans l'état social, et ce qui avait torturé le peuple était si bien soudé au trône, que pour réédifier, il fallut tout renverser et briser; — l'on brisa donc, avec son pouvoir, le successeur de *ceux qui ne mesuroient toutes choses qu'à l'aulne de leurs volontés*. Depuis cette époque, dont les peuples et les rois semblent avoir perdu le souvenir, et qui — pour ne parler que des choses de finances — ne fit que raviver un vieux et national principe, les impôts ne sont exigibles qu'après le consentement donné par les représentants de ceux qui payent : aujourd'hui, après les votes de la chambre des députés

[1] Ces observations ne s'appliquent pas seulement au budget particulier de la dette publique; elles concernent l'ensemble du budget général de l'état, dont cette dette forme la première des divisions principales.

et de la chambre des pairs, héritières, selon la charte, de nos grandes assemblées révolutionnaires.

La loi annuelle du budget porte interdiction aux fonctionnaires de percevoir d'autres impôts que ceux autorisés par ladite loi, et afin que personne, imposable ou impositeur, ne prétexte d'ignorance, cette disposition est précédée de l'indication des contributions directes, indirectes et spéciales, droits divers, taxes et redevances. C'est d'abord à la chambre des députés que doivent être soumises les lois de finances; sans préjudice des droits de la chambre des pairs, qui, cependant, pour ce qui concerne le budget, est forcée de tout approuver, et dont le vote n'est qu'une sorte de formalité. Cela ne devrait pas être ainsi, au point de vue constitutionnel; mais cela est et sera toujours: un seul amendement serait presque un coup d'état, et embarrasserait fort le gouvernement, qui ne pourrait faire revenir à Paris les députés dispersés.

Les ressources et les charges d'un budget sont donc votées d'avance, ou, mieux, sont évaluées; car les prévisions de recettes se modifient par des causes que l'on n'apprécie bien que quand elles ont eu leur effet[1],

[1] Quant aux impôts et revenus indirects; car il n'y a qu'une différence insignifiante entre les évaluations et les recouvrements des contributions foncière, personnelle, mobilière, et des portes et fenêtres, qui reposent sur des bases fixes, appréciables d'avance, et sont réparties par la loi sur chaque département, puis, par les conseils locaux, sur les arrondissements et cantons. Les non-valeurs, décharges et réductions admises sur ces quatre natures de contributions sont prévues au budget, et à une époque fixée, les recouvrements en retard sont mis à la charge des comptables, qui quelquefois peuvent

et qui touchent quelquefois à la prospérité du pays ; et les crédits primitifs sont *toujours insuffisants*, puisque, dans l'année qui s'est écoulée depuis la fixation du budget, de nouvelles autorisations de dépenses sont régulièrement demandées aux chambres. L'impossibilité de déterminer exactement le chiffre de certains services, et les besoins nouveaux et extraordinaires qui surviennent, sont les causes principales de ces demandes supplémentaires. Elles proviennent aussi de la crainte, surmontée cependant pour 1842 et 1843, de présenter un budget qui, prévoyant tout, exposerait de prime abord un déficit. Ce déficit primitif rendrait plus difficile, surtout en dehors du parlement, l'acceptation de quelques autres dépenses, tandis que celles dont les crédits sont ajournés à l'année suivante [1] sont à peu près indispensables,

en subir la perte. L'assiette des patentes, qu'une ancienne classification range parmi les contributions directes, offre des résultats moins certains : l'état des affaires commerciales amène quelquefois pour cet impôt des différences entre les évaluations primitives et les produits effectués.

[1] Plusieurs dépenses sont effectivement ajournées, attendues, puisque la loi prescrit de réunir en un seul corps, non seulement les demandes de crédits extraordinaires, mais encore celles qui touchent à des chapitres existant déjà aux budgets. Quelques unes de ces dépenses arrivent même périodiquement pour des sommes à peu près semblables à celles des années précédentes. Tels sont principalement les encouragements aux pêches maritimes, les primes à l'exportation des marchandises, certaines pensions et rappels d'arrérages, les frais de justice criminelle non recouvrés, divers services de la guerre et d'autres ministères, les anniversaires des journées de juillet, les suppléments aux dépenses secrètes de police, etc. Cette pratique est

ou du moins sont fort défendables. Ces nouvelles demandes sont occasionnées encore par ceci : que quelquefois les députés font des réductions comme au hasard, comme s'ils n'avaient d'autre but que celui de ne pas laisser périmer leur droit[1]. Le ministre qui a combattu une réduction paraît se soumettre à cet arrêt de rejet, mais déjà, par la pensée, son appel est écrit au livre des crédits supplémentaires.

De quelque parti que les ministres soient tirés, ils défendront toujours les services qu'ils sont chargés de diriger et dont ils apprécient ou tolèrent les exigences ; car un obstacle aux améliorations souvent, de même aussi qu'à la désorganisation, c'est qu'arrivé au pouvoir un homme ne voit plus les choses de la même manière : ce qu'on appelait abus n'en est pas un, ou bien il est impossible à déraciner, arrêté qu'est le ministre par le danger ou la violence du remède ; ce qu'on appelait progrès, amélioration, n'était qu'un texte de polémique ; ce qui semblait bon ne l'est pas, ou est impraticable. Un ministre nouveau fait donc ordinairement, et, à peu de chose près, ce qu'ont fait ses prédécesseurs ; son successeur aura comme lui un entourage traditionnel qui fera marcher les choses

peut-être dans quelques circonstances un exemple de l'art de grouper les chiffres ; souvent elle n'est que l'effet de la vieille et puissante routine des bureaux. Dans tous les cas, elle devrait disparaître pour beaucoup de chapitres dont l'importance première est inexacte, de science certaine.*

[1] Sauf à provoquer ou à voter des augmentations. (Voir à la note de la page suivante les séances des 19 mars et 6 mai 1841.)

comme auparavant; et s'il est énergique et habile, il n'aura pas le temps de faire exécuter ses projets: à peine seront-ils mûrs, ces projets, qu'il devra se retirer avec le flot d'une majorité. Ces changements incessants de ministères et la disposition des députés à amender sans cesse rendent presque impossible l'accomplissement du bien et le vote de lois bien coordonnées. Colbert, s'il n'eût été ministre que huit mois, ou si son ministériat eût été composé de vingt fractions, aurait-il mené à bonne fin les travaux qui ont tant contribué à la gloire de son souverain? Notre Code civil serait-il ce qu'il est, s'achèverait-il s'il était discuté aujourd'hui?

Les députés devraient témoigner plus de confiance aux commissions qu'ils nomment: les choses marcheraient mieux et plus vite, au lieu d'être entravées par des amendements et des discours destinés aux électeurs, qui s'enorgueillissent des paroles prononcées par leur représentant et sont humiliés de son mutisme. L'on ne saurait trop s'élever surtout contre l'esprit de localité, qui, sur des questions d'intérêt général (que ce soit par conscience ou par la crainte d'une non-réélection), individualise les députés et les classe par zones; contre *un système* financier qui arrache au budget des rognures, mais accorde des sommes énormes facilement et sans souci de l'avenir[1].

[1] Cela est arrivé pour le vote du service des travaux publics extraordinaires. La pensée de ces travaux était vaste et riche par elle-même; elle avait de plus peut-être pour son auteur habile l'avantage

Les augmentations aux dépenses prévues, et les crédits qui sont nécessaires pour leur paiement, sont demandés ou régularisés législativement sous le titre de crédits supplémentaires, extraordinaires et complémentaires.

L'importance et la fréquence des crédits ouverts par ordonnances royales, en l'absence des chambres, a d'abord provoqué la loi du 24 avril 1833, qui veut que ces ordonnances mentionnent qu'elles sont rendues

d'empêcher l'exécution du timide projet de conversion des rentes dont on s'occupait alors beaucoup; elle avait encore une autre portée que M. Dupin a stigmatisée dans la séance du 19 mars 1841 avec une lacédémonienne âpreté. Dans tous les cas l'on a voté pour l'exécution de ces travaux une somme de plus de 420 millions, de 1837 à 1840, sans savoir comment ils seraient payés; ou du moins l'on n'a fait aucune part à des éventualités qui ne se sont que trop tôt réalisées, pour montrer qu'elles étaient possibles. L'on s'est exagéré les excédants probables des recettes sur les dépenses des budgets, l'on a considéré comme infinies les ressources de l'amortissement, et bientôt il fallut arrêter une partie des travaux et en ralentir quelques uns; l'on n'en continua d'autres que pour ne pas perdre le fruit de dépenses antérieures. Du reste ce ralentissement dura peu, et quelque productives que soient véritablement des dépenses pour travaux publics (quelquefois), l'on ne saurait voir sans beaucoup de crainte le crédit, les ressources, la fortune de la France engagés pour longtemps dans l'avenir.

Dans cette séance du 19 mars 1841, dont voici un extrait, un ministre eut à soutenir une singulière lutte, et, à l'occasion de nouvelles dépenses, s'écria : — Assez. — Il est vrai que c'était celui qui, comme on dit communément, tient les cordons de la bourse.

Le ministre des finances :

«...Nous avons donc un découvert de 1 milliard 34 millions; c'est une lourde charge. En présence de l'obligation de satisfaire à tout cela, vous devez comprendre que le ministre des finances est très

de l'avis du conseil des ministres et qu'elles seront insérées au *Bulletin des Lois*. Les choses n'ayant pas changé, la faculté *d'obtenir* ces ordonnances de crédits, et seulement pour subvenir à l'insuffisance dûment justifiée de ces services, a été restreinte dans des chapitres désignés d'avance ; et enfin une dernière disposition a été ajoutée aux précédentes : « Tout « projet de loi de crédits supplémentaires et extraor- « dinaires doit indiquer la nature des ressources à

préoccupé de ces entraînements aux dépenses qui se révèlent presque tous les jours.

« Il faut, messieurs, pour ramener l'ordre dans les finances, nous laisser traverser une année, et durant cette année ne pas exagérer encore les dépenses....... ; si vous alliez maintenant..... voter des dépenses en dehors de mes combinaisons, je vous déclare qu'il me serait impossible de ramener l'ordre dans les finances. »

M. Dupin :

« Vous avez raison : tout le monde veut les dépenses et personne ne les contrôle ; tous les amendements sont pour augmenter les dépenses ; nous pouvons nous rendre cette justice-là. »

Le ministre (qui était monté à la tribune pour la troisième fois) :

« ....Quant à présent, je le déclare, il serait imprudent de se laisser aller à cet entraînement ».

M. Dupin, répondant à quelques orateurs :

« .... Si je n'ai pas demandé qu'on réduisît les impôts, parce que je sais qu'il est impossible de les diminuer, je pense aussi et surtout qu'il est impossible de les accroître. Quel est donc le moyen de se maintenir dans de justes limites et de ne pas augmenter l'impôt ? C'est, je ne dirai pas, comme on l'a fait après la révolution de 1830, d'épiloguer, de lésiner sur de petites sommes. Qu'est-ce qu'on a réduit à cette époque-là ? des misères ! et puis après avoir passé trois ou quatre ans à faire des économies insignifiantes, tout à coup on a pris un autre essor : chacun s'est mis à pousser à la dépense, du moment qu'on a entrevu l'espoir de voir arriver, l'un son canal,

« appliquer à cette dépense. » Depuis la loi du 18 juillet 1836, on ajoute donc aux diverses lois de finances : « Il sera pourvu à ces dépenses au moyen des ressources indiquées par la loi du... » (la loi primitive des recettes du budget courant) ; ou bien, « au moyen des ressources affectées aux dépenses extraordinaires, etc. ; » c'est-à-dire aujourd'hui : au moyen des réserves de la Caisse d'amortissement, qui semblent une mine inépuisable pour les routes, ca-

l'autre sa route, celui-ci son chemin de fer, celui-là la spéculation qui intéressait sa localité. On ne proposait pas une seule chose à la fois, une seule route, un seul pont, un seul édifice, pour lequel il y avait une majorité désintéressée ; mais on a fait des propositions qui ressemblaient, permettez-moi de le dire, à des chapelets dans lesquels on faisait entrer sept, huit, douze propositions à la fois pour amorcer autant de députations et se créer ainsi une majorité.

« Qu'est-il arrivé ensuite ? On a imaginé des compagnies avec actions au porteur, des compagnies avec des actionnaires invisibles, des compagnies qui admettaient des hommes publics aussi bien que des hommes privés. On a créé ainsi une nouvelle classe d'hommes, dans le pays, intéressés à pousser encore à la dépense, parce qu'ils y trouvaient leur avantage personnel sous le voile de l'anonyme (sensation). . . . »

Dans la séance du 6 mai 1841 (discussion du budget), M. Lacave-Laplagne (rapporteur de la commission du budget de 1842), rapporteur, que l'on n'accusera pas d'être bien rigide, ne put s'empêcher de dire :

« Voici plusieurs fois que les ministres donnent leur adhésion à des augmentations indiquées comme nécessaires. Ce n'est pas là, je crois, la direction que la discussion doit prendre. L'entraînement à l'augmentation des dépenses *est naturel*, mais nous ne devons pas l'encourager. Il faut que la chambre soit préoccupée du besoin des économies, et fasse pénétrer ce besoin dans la pensée du gouvernement. »

naux, canalisation de rivières, fortifications de Paris, déficits des budgets, chemins de fer, et tous les besoins extraordinaires, prévus ou imprévus.

Voici la distinction à établir entre les diverses natures de crédits : *Les crédits primitifs* ou *ordinaires* sont ce que l'on appelle communément *le budget*. Puis viennent s'y rattacher ceux qui sont plus tard demandés pour les dépenses supplémentaires ou extraordinaires. Ainsi, une augmentation de malades dans les hôpitaux militaires et de frais d'impression dans les bureaux donnent lieu à des demandes de crédits *supplémentaires* pour les chapitres — hôpitaux militaires et matériel de l'administration : les armements extraordinaires de la guerre et de la marine et les procès déférés à la cour des pairs occasionnent des dépenses en dehors de toute prévision, souvent sans analogues dans les nomenclatures ; de là les crédits *extraordinaires*. Quant aux crédits *complémentaires*, ce sont des sortes de soldes présentés pour divers chapitres dans la loi de réglement ou des comptes. Ils sont, du reste, toujours inférieurs aux annulations qui se rapportent à d'autres services. Cette loi de réglement soumet au contrôle des chambres les opérations faites dans le cours de l'exercice expiré. Elle est ou devrait être d'une grande importance ; car c'est là, *là seulement*, que les députés pourraient voir si les ministres se sont renfermés dans les prescriptions imposées, si toutes les dépenses constatées sont bien justifiées : cependant l'on ne met ordinairement à voter cette loi que le temps nécessaire à la lecture des chapitres.

L'on oublie et l'on indulge facilement les choses faites et anciennes[1] à la chambre qui, il faut le confesser ici, représente bien le peuple français. Pourtant dans un moment de colère, et par conséquent d'oubli de soi-même, la chambre de 1834 a rejeté une dépense ancienne irrégulièrement payée : sur la proposition de sa commission, la chambre de 1841 n'a pas approuvé non plus un paiement de 16,000 francs, également irrégulier; mais ces rejets n'entraînent qu'un simple déplacement d'écritures. Ces sortes de paiements sont retirés des budgets pour être classés à un compte souffreteux, intitulé : Découverts et déficits du Trésor ; lesquels découverts sont portés à l'actif dans la situation ou bilan de l'administration des finances. (Voir les explications sur la dette flottante.)

La loi des comptes règle donc les opérations de l'exercice expiré, en recette et en dépense. Ces recettes et dépenses sont constatées et effectuées pendant deux années, et sont closes, en l'état où elles se trouvent, après cette période. Ainsi l'exercice 1841, qui a pris son nom de l'année où il a commencé, durera jusqu'à la fin de l'année 1842 ; et, de cette manière, il y a toujours deux exercices en cours d'opération : en ce

[1] Cela est si bien entré dans les coutumes parlementaires, qu'un ministre dit naguère et avec succès dans un exposé de motifs sur des crédits supplémentaires : « Nous nous félicitons de pouvoir vous présenter ce projet avant l'ouverture de l'exercice auquel il s'applique. Nous avons dû saisir avec empressement l'occasion de restituer à votre examen préalable cette plénitude du libre arbitre, souvent restreinte par la considération des faits accomplis. . . . »

moment, le même exercice 1841 et celui de 1842. Les dépenses ou droits constatés à la charge de l'état, qui n'ont pas été payés pendant l'*existence* d'un exercice, sont reportés au compte spécial et distinct des *exercices clos*. Les recettes constatées, et non encore recouvrées, ne sont point, par analogie avec les dépenses, comprises dans un compte à part; elles augmentent d'autant l'importance des exercices suivants. —L'on comprend la différence qu'il y a entre une dépense faite et le paiement qui l'acquitte; entre les droits constatés au profit du Trésor et les recouvrements effectués.

Toutes les dépenses à la charge de l'état sont prescrites contre ses créanciers, lorsque le paiement n'en a pas été poursuivi officiellement, ni opéré dans le cours d'un exercice ou cinq années après sa clôture. Avant ce régime nouveau que l'administration des finances a difficilement fait adopter comme loi, les exercices clos étaient un véritable puits d'eau trouble où l'on pouvait jeter, cacher, puiser tout ce que l'on voulait.

Il est inutile de revenir sur ce qui ne se fait plus. Mais il faut ajouter cependant qu'avant l'ordonnance du 14 septembre 1822, laquelle est comme le décalogue de la comptabilité publique, le chiffre d'un exercice ne présentait rien de certain, rien de positif. Cet exercice n'était clos que lorsqu'il ne restait aucune somme à payer. D'un autre côté, les ministres, n'étant point astreints, comme aujourd'hui, à la spécialité des crédits, par articles de dépenses, donnaient aux fonds de leur département une destination quasi arbitraire, et ces fonds s'augmentaient du produit, quelquefois occulte, de ventes de denrées ou d'objets réputés inutiles, ainsi que de compensations de valeurs établies entre les fournisseurs et les ministères.

Cette ordonnance du 14 septembre et d'autres réglements qui l'avaient précédée et qui l'ont suivie ont apporté dans la comptabilité une clarté extrême [1], un ordre que les autres nations envoient étudier, tour à tour. Ces améliorations ne sont venues que progressivement et ont même souvent rencontré des obstacles; car l'administration des finances représente un ministère, qui, pour être un peu dépensier et fort paperassier, n'en joue pas moins le rôle d'intendant correct des dépenses et revenus ; cherchant constamment à agrandir son action, son contrôle sur les autres départements ministériels, s'ingéniant à trouver et s'efforçant de faire adopter de nouvelles mesures, que ses tributaires, pour les comptes à rendre, traitent de tracassières, inopportunes, oiseuses. Les améliorations créées par l'administration des finances ne

[1] Les opérations des receveurs des deniers publics, des ordonnateurs des dépenses et des payeurs du trésor sont uniformément décrites chacune sous des formules uniques; ce qui facilite beaucoup la rentrée des fonds, leur emploi légitime et leur sévère surveillance, dans tous les degrés. Cette méthode de comptabilité est si claire, si rapide, que, dix jours après l'expiration de chaque mois, l'on connaît le chiffre des recouvrements effectués sur les impôts, dans toute la France ; et que le bilan du Trésor, embrassant l'universalité des opérations de tous les comptables des finances, peut se dresser en un jour.

portent pas seulement sur des choses de description et de comptabilité, elles ont procuré à l'état des économies annuelles qui se nombrent par millions. Telle est, indépendamment de la cessation des graves désordres dont il a été fait mention plus haut, et sans parler des simplifications qui se résument toujours en économies, la centralisation au Trésor des diverses régies financières, qui naguère s'administraient elles-mêmes, ne versaient que leurs produits nets, et étaient de véritables petits ministères à peu près indépendants et incomparablement plus coûteux qu'aujourd'hui. Telle est aussi la réunion dans les services généraux du budget de dépenses qui échappaient à tout contrôle sérieux et d'établissements qui ne rendaient pas de compte, ou n'en rendaient qu'au chef du gouvernement ; ainsi que font encore quelques institutions que l'on parviendra sans doute à classer dans le budget de l'état, où devraient figurer toutes les dépenses publiques.

L'importance des divers services centralisés et successivement rattachés au budget général depuis 1818 s'élève à plus de 200 millions; et il ne faut pas perdre de vue cette circonstance, si l'on compare les budgets anciens avec ceux d'aujourd'hui.

Beaucoup de réformes et d'améliorations ont donc été introduites dans notre organisation financière, mais il reste beaucoup à faire : ainsi les agents de la guerre, de la marine et de plusieurs autres services ne rendent, pour ainsi dire, aucun compte des objets matériels considérables qu'ils achètent, conservent et emploient en dehors de toute publicité, de la surveillance des chambres et du contrôle de la cour des comptes. Depuis un grand nombre d'années, et avec autant de persistance que de raison, cette cour réclame des comptes en matière ; mais une commission nommée l'année dernière, enfin, pour étudier, trancher les difficiles questions qui se rattachent à ces comptes, va prochainement faire connaître les résultats de ses travaux.

TABLEAU

DE LA

DETTE PUBLIQUE

ET DES MISÈRES DU TRÉSOR,

EXPLICATIONS PRÉLIMINAIRES.

La dette perpétuelle représente un capital transmissible dont le remboursement ne peut être jamais exigé par le créancier, et dont les intérêts convenus (5, 4 1/2, 4 et 3 pour cent) sont payés par le débiteur jusqu'à sa libération. Cette libération peut s'effectuer par le rachat partiel de la dette (et c'est le rôle qui est assigné à la Caisse d'amortissement agissant pour le compte du Trésor public) ou par le remboursement du capital que l'état n'a pas toujours reçu intégralement, mais pour lequel il s'est engagé dans ses mauvais jours, alors qu'il payait certaines dettes avec des inscriptions de rentes ou qu'il empruntait.

La dette viagère comprend les *pensions* accordées à divers titres par l'état, et les *rentes* créées par l'ancienne monarchie, dans diverses combinaisons de tontine, au profit personnel des souscripteurs d'emprunts dont les charges décroissent tous les jours avec le nombre des personnes sur la tête desquelles reposent ces rentes viagères.

La dette flottante est formée de capitaux dus par le trésor et exigibles à certains égards : ces capitaux se renouvellent, soit d'eux-mêmes par les comptes courants des correspondants créanciers du Trésor et par des opérations de trésorerie ; soit par des moyens de crédits et des emprunts (bons royaux) à échéance fixe. Cette dette est inévitable, en même temps qu'elle forme l'un des services nécessaires de l'administration des finances ; car le Trésor ne peut fermer ses livres ni ses caisses à certains correspondants, à certains versements, et il a, en outre, à supporter la charge d'avances temporaires et de déficits anciens. Lorsqu'elle s'élève cependant au dessus d'une certaine importance qu'on peut appeler normale, elle indique ordinairement une situation financière besogneuse.

Les cautionnements inscrits avec un caractère de permanence au nom des comptables et de quelques agents de l'état, des officiers ministériels et des journalistes, et accidentellement au nom de fournisseurs et de quelques autres personnes, forment une dette dont l'importance varie peu, quoique mouvante ; les nouveaux cautionnements versés servant à rembourser ceux qui appartenaient aux anciens titulaires dégagés de cette condition.

Enfin, une autre *dette* qu'on peut appeler *spéciale et temporaire* résulte d'emprunts contractés principalement en 1821 et 1822 pour l'exécution de divers travaux publics (ponts, canaux, etc.). L'état s'est engagé à rembourser ces emprunts : directement, au moyen d'un amortissement déterminé; indirectement, par l'abandon du produit des travaux exécutés, et sous certaines conditions fort différentes entre elles.

TABLEAU SOMMAIRE

DE LA DETTE PUBLIQUE.

Dette perpétuelle.	Rentes. 5 0/0 . .	147,042,988	214,475,067
	4 1/2 . .	1,026,600	
	4 0/0 . .	22,507,375	
	3 0/0 . .	43,898,104	
Amortissement. (Dotation annuelle. Le revenu en rentes est compris dans celles ci-dessus.)			46,526,683
Rentes viagères.			3,200,000
Intérêts, primes et amortissement des emprunts pour ponts et canaux.			10,445,300
Intérêts des cautionnements divers.			9,400,000
Intérêts de la dette flottante.			15,000,000
Pensions.	De la pairie, des veuves de pairs, des anciens sénateurs.		700,000
	Civiles.		1,500,000
	Des vainqueurs de la Bastille.		12,500
	A titre de récompenses nationales. . . .		500,000
	Militaires.		45,000,000
	Ecclésiastiques.		1,400,000
	De donataires de l'empire, dépossédés. .		1,300,000
	De la caisse de vétérance de l'ancienne liste civile.		600,000
	Subvention aux caisses des employés et agents des ministères.		10,900,000
Secours aux pensionnaires de l'ancienne liste civile. .			400,000
			361,359,550

DETTE PERPÉTUELLE.

Les choses humaines ne sont point parfaites d'abord, et l'art de trouver *facilement* de l'argent a suivi la marche de la civilisation. Le mode des emprunts de gré à gré, présenté aux capitalistes sous la forme de placement avantageux, date d'un siècle brillant : il ne vint qu'après que nos rois eurent à peu près épuisé comme moyens extrêmes les emprunts forcés et les dons gratuits, la vente de la noblesse et des offices, la recherche des déprédations, l'altération des monnaies, la persécution des Juifs, et tant d'autres ressources, criminelles ou honteuses, qui avaient cessé d'être extraordinaires et n'étaient plus de bons revenus. Ces revenus en avaient remplacé d'autres qui s'étaient usés aussi, ou bien ils se percevaient concurremment avec ceux des antiques impôts qui étaient d'une robuste et meilleure nature; et si robustes étaient quelques uns, qu'ils ont résisté à l'action des siècles. Le *tempus edax rerum* n'a pas mordu sur les monopoles, les droits d'entrée et de sortie, les gabelles, le vingtième, la taille, etc. Ces derniers sont fort anciens, et il y a encore ceci d'admirable dans cette génération des impôts, que les nouveau-nés ne chassent pas nécessairement les autres : ils prennent même un caractère permanent, de temporaires qu'ils avaient été à leur origine. Quelques uns même sont de tous les temps, comme de tous les pays ; car il y a des *princes* et des tributaires partout où il y a, d'une part, des forts, et, en face, des faibles ou des lâches — à peu près en tous lieux. Et sans remonter plus haut qu'aux maîtres de l'ancienne France, l'on sait que les possesseurs de fiefs, héréditaires ou non, *taillaient* déjà leurs sujets, avaient déjà établi les lods, laudes et laudmies, servitudes et taxes, quint et requint, champarts, banalités, rachats de crimes, etc., bien avant l'époque où les successeurs de Hugues Capet, qui lui-même ne levait d'impôt que dans ses domaines propres, n'eussent obtenu l'*aide* de leurs hauts vassaux (lesquels, de plus belle, taillèrent leurs serfs, bien entendu) ; n'eussent obtenu la *taille royale;* n'eussent levé et grossi les *impôts royaux*, proportionnellement aux progrès de la civilisation et à l'augmentation de la richesse publique.

Quoique le mot *rentes* apparaisse dans nos plus anciens monuments financiers, l'on peut considérer François Ier comme le véritable fondateur de la dette constituée à perpétuité, c'est-à-dire d'une dette dont le capital est à tout jamais abandonné par le prêteur, et dont le paiement des intérêts ne cesse pas par la mort de l'une ou de l'autre des parties contractantes : de même que malgré les violences financières qui précédèrent le règne de Jean II, l'on peut attribuer à ce prince [1] l'invention de la banqueroute générale, comme système et moyen de libération.

Tout ce qui concernait les finances fut jusqu'à

[1] Voir l'*Histoire financière de la France depuis l'origine de la monarchie jusqu'à la fin de* 1786, par M. Bailly.

Necker tenu dans un profond mystère ; à ce point que peu de temps avant la révolution, la Chambre des comptes ayant besoin d'un relieur en chercha un qui ne sût pas lire et lui fit prêter serment de cette ignorance, après sa mise en état de grâce et enquête faite. Mais ces mystères étant dévoilés depuis longtemps, l'on peut facilement suivre les progrès des dettes de l'état. D'ailleurs, si les successeurs de François Ier [1] se sont volontiers accommodés de ses *fon-*

[1] « Soubdain qu'il fut né, dit Rabelais dans son Gargantua, ne cria, comme les aultres enfans, *mies*, *mies*, *mies :* mais à haulte voix s'écria : à boyre, à boyre, à boyre !... »

C'est surtout depuis Gargantua que l'on vit les princes et *leurs compaignons*...« de bled en herbe faire belle saulce verde, tout mangeable manger, le reste jecter au feu, rien ne réserver au lendemain... » Combien d'entre eux n'eurent que ce mauvais côté *des mœurs et conditions de Panurge* : « Malfaisant, pipeur, beuveur, batteur de pavez, ribleur s'il en estoit à Paris :

« Au demourant, le meilleur fils du monde.

« .... Bien gualand homme de sa personne, sinon qu'il estoit quelque peu paillard et subject de nature à une maladie qu'on appelloit en ce temps-là faulte d'argent... Toute foys il avoit soixante et troys manières d'en trouver tousiours à son besoing ; dont la plus honorable et la plus commune estoyt par façon de larrecin furtivement faict... Mais il en avait deux cens quatorze de le despendre. »

Du reste, il est à remarquer que c'est seulement depuis Pantagruel, le *maître* et ami de Panurge, ou pour parler plus sérieusement, depuis Henri II, qu'il fut donné à ceux qui, bien ou mal, administrèrent les finances royales, de vivre en joie et de mourir en paix ; et même après d'heureux *larrecins* d'oser parler de probité et de vertu, comme des saints Vincent de Paule. Depuis Enguerrand de Marigny, que l'on peut appeler le premier administrateur ou ministre des finances, et qui fut pendu en 1315 à ses fourches de Montfaucon, jusqu'à Semblançay, si perfidement volé par la mère de François Ier, si cruellement mis à mort par ordre de ce prince, l'on compte 12 de ces mi-

dations de crédits, la méthode économique de Jean fit fortune aussi, et si Sully éteignit quelques millions de rentes en en remboursant le capital, d'autres extinctions bien moins coûteuses simplifieraient les recherches et rapprocheraient les points de départ : telle est, par exemple, celle qui eut lieu sous Mazarin, lequel ayant ruiné les finances de la France, mais élevé les siennes à 100 millions de livres, fit subir une banqueroute aux créanciers de l'état, prêteurs de fonds, « attendu que ces créanciers étaient tous des « gens de rien ou trop riches [1] » ; sans parler de Law [2], ni de son ingénieux système, dont l'application exagérée amena de grands désastres à la suite desquels l'on créa *un amortissement* de 40 millions, que l'abbé Terray suspendit, ainsi que le paiement des rentes ; sans nous arrêter à la petite banqueroute du benoît cardinal Fleury, sous lequel on annula toutes les rentes au dessous de 10 livres, « parce que la négligence des « parties à les recevoir gênait la comptabilité. » Arrivons à l'époque actuelle.

nistres des finances ; et voici leur histoire : 8 ont péri de mort violente ; 3 ont eu à subir la proscription ou la prison perpétuelle ; un seul a joui d'une vie et d'une mort paisibles.

[1] Voir l'histoire financière de M. Bailly.

[2] La cause fondamentale qui rendit impossible le succès du système de Law était....

« La stérilité de l'industrie et la disproportion de ses forces avec « l'instrument que Law créait pour son usage. Pour qu'un système « général de crédit puisse durablement s'établir, il faut que la tendance à mettre le crédit à profit, c'est-à-dire à emprunter et à prê- « ter, soit générale aussi, et cette tendance ne peut naître que de l'acti- « vité et de la prospérité du travail. Les emprunteurs ne deviennent

LES INTÉRÊTS DE L'ANCIENNE DETTE PUBLIQUE ONT ÉTÉ ÉTABLIS ET FIXÉS AINSI QU'IL SUIT AU 1er AOUT 1793 :

Ancienne *dette perpétuelle*, *constituée* à la charge du Trésor royal, de quelques provinces, du clergé, etc.	75,810,000
Intérêts de la *dette*, que l'on peut appeler *flottante*, et provenant d'effets au porteur et d'actions de compagnies dont les intérêts étaient unis à ceux de l'état.	20,707,000
Dette provenant du remboursement de diverses charges.	31,286,000

CETTE DETTE EUT A SUBIR LES ACCROISSEMENTS SUIVANTS :

Intérêts d'emprunts forcés. .	8,650,000	
Dettes des communes et départements	8,000,000	
Dettes des émigrés (quelques unes). :	7,500,000	46,913,000
Conversion de rentes viagères en rentes perpétuelles. . .	12,000,000	
Paiements à divers en inscriptions de rentes.	10,763,000	
Les intérêts annuels à supporter par le Trésor public s'élevaient ainsi, lorsque la loi du 24 frimaire an VI réduisit cette dette des deux tiers, à la somme de (1)		174,716,000

« ou ne demeurent solvables que lorsque le travail auquel ils em- « ploient le capital emprunté leur rapporte plus que ne coûte le loyer « de ce capital. De leur côté, les détenteurs de capitaux ne peuvent « contracter une disposition habituelle à les hasarder dans des prêts « à intérêts, que lorsqu'ils trouvent de bons débiteurs et en grand « nombre, afin que leurs risques soient divisés... » (*Encyclopédie du droit* — article *Banque*, par M. Gautier, pair de Franee.)

Cet *article*, ou plutôt cet ouvrage, présente un exposé historique des banques et institutions de crédit, dont il est à regretter que l'objet exclusif de ces explications ne permette pas de multiplier les citations.

[1] Les mesures de cette nature causent, comme les révolutions, beaucoup de froissements particuliers, mais il faut savoir les subir lors-

Le *tiers* restant, dit *consolidé*, aurait dû être inscrit pour la somme de 58,238,666 fr., augmentée de quelques inscriptions données en paiement d'arriéré; mais par suite d'opérations de diverses natures, telles que l'annulation et la confiscation de rentes appartenant à des mainmortables et émigrés, de paiements de domaines nationaux effectués en inscriptions, etc., la somme des rentes inscrites au grand livre ne fut que de.	40,216,000

DE NOUVELLES INSCRIPTIONS EURENT LIEU, SAVOIR :

Pour la dette des pays successivement réunis à la France.	6,086,000	
En paiement de créances arriérées	11,254,000	
Au profit de l'ancienne Caisse d'amortissement, en échange de bons.	5,000,000	23,091,637
Au profit du domaine extraordinaire, en échange de valeurs.	751,637	
Et au 1er avril 1814, le montant des rentes inscrites était de. (*à reporter*).		63,307,637

qu'elles sont devenues inévitables. (*Histoire de la révolution*, par M. Thiers, tome IX, p. 353.)

M. Thiers établit ainsi qu'il suit le budget de l'an VI :

RECETTES.					616,000,000
DÉPENSES.	guerre.	283,000,000	530,000,000	788,000,000	
	services généraux.	247,000,000			
	dette publique.		258,000,000		
A déduire :	Réduction des deux tiers.			172,000,000	
	Somme égale à celle des recettes.				616,000,000

La dette publique comprenait les rentes perpét. pour	174,716,000
Et les rentes viagères pour	83,317,913
Somme égale à celle qui est présentée par M. Thiers. .	258,033,913

Les pensions étaient comprises dans les divers services généraux, qui alors étaient peu considérables. Pour se rendre compte cependant de l'importance comparative des budgets de cette époque, et après avoir fait la part des augmentations de dépenses, entraînées par le rétablissement des formes monarchiques, il ne faut pas oublier, ainsi qu'il a déjà été dit, que plus de deux cents millions de recettes et de dépenses ont été depuis 1814 rattachés au budget général de l'état.

RENTES INSCRITES DE 1814 à 1830,

ou se rattachant à cette époque par la cause et l'origine de leur inscription.

	5 %	4 1/2	4 %	3 %	TOTAL.
Report. . . .					
Rentes remises aux communes et départements en indemnité de leur biens vendus (loi du 20 mars 1813).	2,631,337	»	»	»	2,631,337
Rentes négociées par l'état ou remises en nature pour le paiement à nos nationaux de leurs créances arriérées de 1801 à 1816 (1). .	31,275,130	»	»	»	31,275,130
Paiements en inscriptions de rentes des dettes de Louis XVIII. .	1,499,654	»	»	»	1,499,654
Rentes vendues sur la place ou à l'étranger pour rembourser aux ennemis leurs dépenses d'invasion, payer les charges de leur occupation temporaire et les dettes qui nous ont été imposées à leur profit par le traité du 30 mai 1814 et les conventions du 20 novembre 1815 (2).	52,600,000	»	»	»	71,529,377
Autres négociations de rentes pour notre libération de créances, dont les mêmes conventions de 1815 et celles d'avril 1818 nous ont reconnus débiteurs (2).	18,929,377	»	»	»	
Rentes remises en nature aux sujets des puissances étrangères pour le paiement d'autres créances que les mêmes conventions nous ont imposées (2).	24,253,168	»	»	»	24,253,168
Rentes négociées en 1823 pour les dépenses de la guerre d'Espagne.	4,000,000	»	»	»	4,000,000
Rentes remises en nature aux anciens propriétaires dépossédés (indemnités des émigrés (3).	»	»	»	25,993,923	25,993,923
Virement d'inscriptions en 1825 résultant de conversions de rentes 5 % (4).	»	1,034,764	»	24,459,035	25,493,799
Négociations de rentes pour les dépenses des affaires du Levant (époque du combat de Navarin).	»	»	3,134,950	»	3,134,950
Rente de 240,000 fr., inscrite en 1821 au profit de la Légion-d'Honneur en échange de ses biens vendus; rentes remises en paiement de l'ancienne dette 174,193 fr., etc.	416,316	»	»	»	416,316
TOTAUX.	135,604,982	1,034,764	3,134,950	50,452,958	190,227,654
A reporter.					

NOTA. Les *Notes explicatives* sont ci-après p. 28.

ANNULATIONS

Se rattachant à la même période de 1814 à 1830.

	5 0/0	4 1/2	4 0/0	3 0/0	TOTAL.	Report. 6
Rentes rachetées avec les fonds provenant de l'ancien domaine extraordinaire de l'empire, et annulées en vertu d'une loi de 1821, qui eut son effet jusqu'en 1837, où une nouvelle loi appliqua aux budgets les ressources de cette nature restant à réaliser.	1,783,282	1,096	4,902	62,343	1,851,623	
Virements d'inscriptions par suite de conversions effectuées en rentes 4 1/2 et 3 0/0 (4).	31,723,956	»	»	»	31,723,956	
Annulation de la rente inscrite au nom de la chambre des pairs et remplacée par des pensions viagères aux anciens sénateurs, aux pairs et à leurs veuves. (Voir aux pensions.)	1,330,818	»	»	»	1,330,818	
Annulations opérées en vertu de la loi du 1er mai 1825, et au fur et à mesure des rachats faits par la Caisse d'amortissement, de 1825 à 1830, où a été rétabli le régime primitif d'accumulation et de capitalisation progressive.	»	7,068	9,740	16,003,286	16,020,094	
Annulations résultant de diverses causes, savoir : rentes qui avaient été inscrites au nom de deux princes devenus étrangers et redevenus propriétaires dans leur ancienne patrie, 273,000 fr. appartenant à la caisse du sceau des titres, 100,000 fr. aux invalides de la guerre, dont les dépenses comme les revenus ne forment plus un service en dehors du budget, etc.	415,844	»	»	»	415,844	
	35,253,900	8,164	14,642	16,065,629	51,342,335	
Report des inscriptions effectuées de 1814 à 1830.	135,604,982	1,034,764	3,134,950	50,452,958	190,227,654	
Reste.	100,351,082	1,026,600	3,120,308	34,387,329	138,885,319	138,
						202,
Il convient d'ajouter aux annulations qui se rattachent à cette époque celles qui ont été prononcées par la loi du 27 juin 1833 relative au budget annexe des travaux publics, ci. 5,000,000						
Et par la loi de finances du 28 juin de la même année, ci. 27,000,000						
Car ces annulations portaient sur les inscriptions rachetées par la Caisse d'amortissement qui, en juillet 1830, était propriétaire de plus de 37 millions de rentes, ci.	32,000,000	»	»	»	32,000,000	32,

INSCRIPTIONS effectuées depuis la Révolution de juillet;
c'est-à-dire appartenant en propre à cette période politique.

	5 0/0	4 1/2 0/0	4 0/0	3 0/0	TOTAL.	Report. 170,19
Négociations de rentes en 1831 et 1832 (y compris 1,021,915, pour l'emprunt national. (5).	15,779,016	»	»	»	15,779,016	
Consolidation en rentes, au nom de la Caisse d'amortissement, des fonds mis en réserve par cette caisse depuis la loi du 10 juin 1833, et appartenant aux rentes dont le cours s'est élevé au dessus du pair. (Voir à l'amortissement, page 48).	»	»	15,294,420	3,780,116	19,074,536	
Conversion en rentes, au nom de la Caisse des dépôts et consignations, des fonds que le Trésor avait reçus en compte courant des diverses caisses d'épargne, jusqu'au 30 juin 1837, époque à partir de laquelle la Caisse des dépôts a été chargée de ce service. 3,753,259 / *Idem* des fonds de même nature reçus par la Caisse des dépôts, de juin à décembre 1837. 339,408	»	»	4,092,647	»	4,092,647	
Emprunt de 150,000,000 contracté en octobre 1841.	»	»	»	5,730,659	5,730,659	
Total.	15,779,016	»	19,387,067	9,510,775	44,676,858	
Annulations diverses. — Rentes appartenant à la caisse de vétérance de l'ancienne liste civile. (Voir aux pensions). Extinction d'usufruits, majorats réversibles à l'état, etc.	394,747	»	»	»	394,747	
Total pour la période postérieure à 1830.	15,384,269	»	19,387,067	9,510,775	44,282,111	44,28
Total général au 1er janvier 1842.	147,042,988	1,026,600	22,507,375	43,898,104	. . . .	214,47
Capital *nominal* de ces rentes.	2,940,859,760	22,813,333	562,684,375	1,463,270,133	. . .	4,989,62

Notes des tableaux qui précèdent.

(1) Indépendamment des paiements effectués en rentes sur les créances arriérées, ou en numéraire obtenu par des négociations de rentes créées à cet effet, d'autres paiements ont eu lieu avec les ressources ordinaires des budgets pour beaucoup plus de 100 millions, et la masse totale des créances admises s'est ainsi élevée à près de 760 millions. Ce gouffre de l'arriéré a été enfin comblé en 1834. Il a longtemps semblé s'élargir à mesure qu'on y jetait des charretées d'écus, desquelles à la vérité quelques charges se répandaient sur les bords.

(2) 71,529,377 fr. de rentes 5 0/0 négociées pour les dépenses des invasions, représentent un capital de (en chiffres arrondis)..		1,430,000,000
Mais ces négociations s'étant faites aux cours très onéreux de 57 fr., 66 fr. et 85 fr., elles n'ont procuré au Trésor qu'une ressource de.		920,000,000
De cette comparaison il ressort donc pour l'état une perte réelle de.		510,000,000
Les sommes livrées en numéraire aux ennemis se sont élevées :		
Pour contributions de guerre à. .	685,000,000	
Pour les dépenses de leur armée, antérieurement à 1816, et dépenses accessoires.	205,000,000	937,000,000
Pour intérêts des créances dites étrangères, et autres paiements et indemnités.	47,000,000	
Nos dépenses pour la solde et l'entretien de leur armée d'occupation, pendant les années 1816, 1817 et 1818, ont été de.		478,000,000
Le capital nominal des 24,253,168 fr. de rentes remises en nature pour les créances des sujets étrangers, est de.		485,000,000
Ainsi, ces fatales années ont coûté au Trésor public seulement, la somme de.		2,410,000,000

Ce calcul n'a peut-être jamais été produit ; il est exact (à quelques millions près, qui ont pu échapper dans les comptes peu explicites de l'époque). Il faut dire toutefois que parmi les dettes qui nous ont été imposées par les alliés de la restauration, quelques-unes étaient légitimes.

En ajoutant à ces millions la somme de sacrifices et de misères supportée par les communes et les particuliers, on ne verra que trop ce que coûtent les invasions, pour ne parler que des plaies et meurtrissures d'argent.

	RENTES.	CAPITAL.
(3) Le crédit primitif, affecté aux indemnités, était de.	30,000,000	1,000,000,000
Il a été réduit, en 1831, de 3,000,000 de rentes, montant du fonds commun qui devait être distribué après les dernières liquidations ; et en 1833, d'une autre somme de 900,000 fr. qui était demeurée disponible : ensemble.	3,900,000	130,000,000
Restait à répartir.	26,100,000	870,000,000
Les inscriptions délivrées ont été de. .	25,993,923	866,464,100
Et il reste ainsi à employer sur les crédits, pour liquidations non régularisées, une somme de.	106,077	3,535,900

(Extrait d'un *Essai* inédit *sur l'art de grouper les chiffres*.)

« Lorsque l'on donna une immorale réparation à quelques uns des justes dommages de la révolution, on répondit au cri de la conscience publique, on dit très sérieusement que le fonds d'indemnité, primitivement fixé à un milliard, ne coûterait rien à la France. Voici le raisonnement que l'on faisait : les rentes accordées par la loi du 27 avril 1825, en indemnité des biens confisqués, seront délivrées par séries, en cinq années — sauf les rentes de 250 francs et au dessous. — La loi du 1er mai suivant prescrit l'annulation absolue, pendant le même nombre d'années, des rentes rachetées par la Caisse d'amortissement : le grand livre de la dette publique se réduira donc en même temps qu'il recevra des inscriptions nouvelles ; les nouvelles rentes créées ne viendront donc point en augmentation des charges de l'état : l'indemnité ne coûtera donc rien à la France.... On aurait pu ajouter que l'état bénéficierait, puisque ces rentes étaient données au capital nominal de 100 francs, et qu'il en était racheté d'autres au dessous de ce taux. »

(4) Des rentes 5 % montant à.		31,723,956
ont été converties en 4 1/2 pour.	1,034,764	25,493,799
et en 3 % pour.	24,459,035	
Et cette opération a fait ainsi bénéficier le Trésor public d'une somme annuelle de.		6,230,157

(5) L'*emprunt* que l'on a appelé *national* mérite peu ce nom, surtout si l'on ne considère que son produit de 20 millions et son étroite nomenclature, où bien des noms brillent par leur avarice (ou par leur absence); mais il ne faut pas méconnaître qu'il a puissamment aidé par son annonce grandiose à relever le crédit et la confiance publique. Il faut ajouter aussi que le plus grand nombre des souscripteurs de cet emprunt croyait faire un sacrifice au lieu de bénéficier, et a fait un acte de patriotisme en recevant à 100 francs des rentes dont le cours était fort inférieur à cette somme (Voir le tableau suivant). Quelques autres, qui ont cru ne pouvoir refuser leur souscription, ont pris des rentes au porteur, créées à l'occasion de cet emprunt, et les ont bientôt vendues, supputant ainsi le coût de leur offrande, moralement forcée.

DES EMPRUNTS.

Les rentes créées à diverses époques, et pour les besoins indiqués dans les tableaux qui précèdent, ont été, les unes remises en nature et au pair (100 fr.) à divers créanciers de l'état; les autres négociées aux taux suivants :

	TAUX des NÉGOCIATIONS.		RENTES négociées PAR L'ÉTAT.	CAPITAL obtenu.
Rentes 5 0/0.	f.	c.	fr.	fr.
Négocié à divers en mai et juin 1815.	51	23	3,500,000	35,863,200
Vendu sur la place et à l'étranger en 1816 et 1817. (Prix moyen.) . . .	57	26	6,000,000	69,763,000
Idem. en 1817. (Id.)	59	16	669,755	7,924,035
Idem. et à des compagnies françaises et étrangères. (Prix moyen.). . .	57	51	30,000,000	345,065,000
Négocié à divers par souscription, en mai 1818.	66	50	14,925,500	197,909,400
Négocié aux maisons Hope et comp., Baring et comp., octobre 1818. .	67	»	12,313,433	165,000,000
Négocié sur la place en juin 1821. .	87	07	401,942	7,000,000
Adjugé aux maisons Hottinguer, Baguenault, Delessert, 9 août 1821. .	85	55	12,514,220	214,118,304
Adjugé à Rothschild frères en juillet 1823.	89	55	23,114,516	413,980,981
			103,439,366	1,456,623,920
Négocié à divers banquiers et receveurs généraux en avril 1831. . .	84	»	7,142,858	120,000,014
Remis à divers par souscription (emprunt national) en 1831.	100	»	1,021,945	20,438,900
Adjugé à Rothschild, Davilliers et Hottinguer, août 1832.	98	50	7,614,213	150,000,000
	73	27	119,218,382	1,747,062,834
Rentes 4 0/0.				
Adjugé à Rothschild frères, janvier 1830.	102	07 1/2	3,134,950	80,000,005
Rentes 3 0/0.				
Adjugé à Rothschild frères, octobre 1841.	78	52 1/2	5,730,659	150,000,000
			128,083,991	1,977,062,839
Il a été, en outre, créé en 4 % et remis à la Caisse des dépôts et consignations pour la consolidation des fonds des caisses d'épargne reçus par le Trésor jusqu'au 30 juin 1837. 3,753,239 Et pour une portion des fonds reçus par la même caisse de juin à décem-	100	»	4,092,647	102,316,175

Le taux auquel ces rentes ont été négociées se réduit, pour la plupart, du montant des bonifications faites aux prêteurs : ainsi le dernier emprunt a été adjugé à 78 fr. 52 1/2, et par le fait, ce n'était qu'à 76 fr. 75 c.; ces prêteurs ayant la faculté de n'opérer leurs versements qu'en douze termes mensuels, et *jouissant* de leurs rentes à dater du 22 juin dernier. Cet emprunt, comme tous les autres du reste, a donné lieu à des plaintes, à des reproches très amers contre l'administration, fort innocente à cet égard. — Dans quel siècle vivons-nous pour que ceux qui dirigent les affaires de notre pays soient ainsi suspectés!—Le ministre voyait, déplorait et même a dévoilé surabondamment les efforts des *hommes-argent* qui, à l'approche des adjudications, font baisser le cours des rentes afin d'obtenir de meilleures conditions; mais il a dû subir leurs exigences, au lieu de les favoriser [1].

— Il est inutile sans doute de dire que moins le cours d'une rente est élevé, et plus le bénéfice du souscripteur preneur de rentes est considérable; et il est évident que pour avoir la même somme de rentes, 5 francs, par exemple, il y a bénéfice à donner 76 fr. 75, au lieu de 78 fr. 52 1/2; et que pour

[1] Et il est étrange qu'après une opération onéreuse à l'état, l'on ait ajouté aux profits matériels encaissés par le chef de l'emprunt une récompense honorifique (récompense de quoi? d'avoir gagné beaucoup d'argent), le plus haut grade de la Légion-d'Honneur, que l'empereur n'accordait qu'aux sommités de la science et de l'armée.

l'intégralité du dernier emprunt, il y a plus de fois 3 francs de rentes au premier taux qu'au deuxième.— Les prétentions des derniers souscripteurs ont donc été exorbitantes, et le ministre a dû les admettre, puisqu'il n'y avait pas de concurrents pour l'adjudication de son indispensable emprunt. Après avoir fait fléchir et maintenu en cet état le cours de la rente 3 p. 0/0 qu'ils avaient choisie, qu'ils ont imposée, et dont ils sont pour ainsi dire les maîtres, puisqu'ils en possèdent une portion considérable, et qu'ils ont tous les moyens d'argent, de crédit et d'artifice possibles pour influencer les cours, ils ont demandé un nouveau et considérable rabais. Cet emprunt est le plus avantageux de tous ceux que l'état ait négociés : cela est vrai. Mais il devait l'être davantage encore, et c'est aussi l'un de ceux où les banquiers ont montré le plus d'avidité et de perfidie.... Faire baisser les fonds publics pour obtenir un plus grand lucre est une action malhonnête, car on vole ainsi l'état et l'on fait perdre de l'argent aux rentiers, qui à ces époques font des ventes forcées. (Il n'est pas question des pertes des joueurs, qui regrettent de n'être point initiés à l'intrigue dont ils sont victimes). S'associer pour imposer des conditions est une *anarchique* coalition (qui, de la part des ouvriers, est punie fort sévèrement) ; demander un taux infiniment moins élevé que le cours qu'on a créé soi-même, sous prétexte que le bénéfice résultant de l'opération forme la prime des pertes possibles, c'est faire un mensonge. Car quelle cause peut faire baisser la rente de façon à amener une perte? — la guerre. Tout le monde sait que la Caisse d'amortissement aura racheté à 80 francs l'emprunt de 76 fr. 75 c. bien lontemps avant que la guerre n'éclate... et qu'est-il arrivé lorsque, pour la première fois, la prévision des pertes possibles s'est réalisée?—Qu'on ouvre le compte rendu par le ministre des finances pour 1830 pages 80 et 81, et l'on verra que l'emprunt de 80 millions (adjugé en janvier 1830) devait être réalisé en 8 termes, et que notre pauvre Trésor dut attendre plusieurs mois pour toucher le complément échu de l'emprunt[1].

Établissement d'un impôt sur les arrérages de rentes.

Il est bien que par des motifs qu'il est inutile de rechercher, l'omnipotence de la chambre des pairs ait rejeté, il y a deux ans, le projet de conversion du 5 p. 0/0 en 4 1/2, adopté par la chambre des députés, et soutenu par le ministère d'alors, comme un homme maintient ce qu'à une autre époque il a avancé témérairement, comme un avocat plaide, d'office, ce qu'il croit être une mauvaise cause. Au moins, la question n'est point déflorée; tandis que le système présenté n'offrait pour résultat que la consécration d'un droit incontestable; dix pénibles millions d'économies réalisables dans de lointaines années; une grande perturbation financière, et des primes outrées,

[1] Voir la note de la page 32.

gagnées par certaine classe de joueurs, perdues souvent par ceux qui n'aiment pas le jeu.

Puis des crises politiques se mêlant aux embarras financiers, il y eut eu en outre impossibilité pour le gouvernement de faire face à ses pompeux engagements ; et, dans tous les cas possibles, des clameurs désordonnées, des reproches perfides eussent assailli les auteurs et les exécuteurs de l'œuvre.

Point de demi-mesures lorsqu'une fraction doit, autant que l'entier, être retentissante, désaffectionnante, révolutionnaire !

C'est quelquefois à plus de 40 p. 0/0 de perte, et en définitive au cours moyen de 73 fr. 27 c., que l'état a négocié ses emprunts en 5 p. 0/0. Grande spoliation vraiment, que de rembourser à de tels créanciers 27 pour cent de plus qu'ils n'ont donné, sans compter les intérêts payés d'après le capital nominal pendant plus de 20 ans ! Grande volerie, que de rembourser au pair une rente donnée au pair à certains créanciers de l'état. Il n'y a vraiment de compatissance à dépenser qu'en faveur des très rares propriétaires (depuis 1797) d'inscriptions qui remontent à la consolidation du tiers ; à ceux-là seulement, l'on pourrait payer 5 p. 0/0, leur vie durant.

Il y a longtemps qu'on l'a dit pour la première fois : toutes les actions des hommes, tous les accidents de la vie sont soumis à un ingénieux tarif qui intervient pour une somme déterminée dans la ruine d'un homme, ses procès, sa mort, ses jouissances, sa joie, ses douleurs, ses ventes de menus objets, ses achats de maisons ; enfin tout ce que l'on fait, quelquefois ce que l'on ne fait pas, quelquefois ce que l'on dit ; tout, excepté l'emploi des capitaux en rentes sur l'état, rapporte quelque chose au Trésor public. Mais qu'il achète, qu'il vende, qu'il donne, qu'il lègue, qu'il touche ses rentes, le rentier ne doit rien, ne paie rien, et son immunité lui survit [1]. Vraiment, il ne manquerait plus que de lui accorder gratuitement, à cet heureux rentier, le droit de se garer des voleurs et de la pluie par des portes et des fenêtres, et aussi pour rien la jouissance de mettre du vin dans son eau, du sel dans son pain !

Il arriva pourtant, en 1836, que le fisc s'émût de ce que de bons pères de famille, plus jaloux de leurs intérêts que de ceux dudit fisc, achetaient la veille des rentes qui formaient le lendemain la dot de leurs enfants, et ainsi échappaient aux droits d'enregistrement pour cette mutation de propriété. Afin de prévenir cette fraude, la loi du 18 juillet 1836, portant évaluation des recettes de 1837, a décidé que les donations entre vifs de rentes sur l'état ne seraient exemptes du droit proportionnel d'enregistrement qu'autant que l'inscription de la rente donnée existerait sous le nom du donateur, ou de celui auquel il a succédé, depuis plus d'un an. Cela est déjà fort bien : car la loi créatrice de l'immunité, rappelée par celle du 18 juillet 1836 elle-même, se trouve entamée. Un

[1] Sans parler du privilége qu'a cette propriété d'être inattaquable, excepté par le Trésor public à l'égard d'un comptable malversant.

déchirement dans une loi qui n'a pas su se conserver intacte et immuable provoque ou autorise d'autres déchirements ; et ce qu'on n'eût osé murmurer tout bas, on peut le dire aujourd'hui avec un peu de hardiesse ; bientôt on le proposera haut et fort. Ce qu'on n'aurait osé dire, c'est ceci : qu'un impôt qui serait perçu sur toutes les natures de rentes, et au moyen d'une retenue du dixième, au moins, exercée au moment même du paiement du semestre échu, ne serait point un impôt inique ; qu'il aurait le même effet, sous une autre forme, que la conversion proposée avec tant de persistance depuis si longtemps ; qu'il ne coûterait aucun frais de perception, n'entraînerait aucun trouble financier, et réduirait de plus de 20 millions l'importance annuelle de la dette publique. Le système serait hardi pour bien des esprits timides, et plus que hardi, spoliateur aux yeux de quelques bons esprits sans doute ; et pourtant la conversion du 5 p. 0/0, demandée même par des membres du gouvernement, est une véritable *réduction sur la dette de l'état* [1]. Pourquoi donc cet impôt (cette *réduction de la dette de l'état*), qui ne serait point injuste pour les porteurs du cinq, prendrait-il ce caractère, appliqué à tous les rentiers.

[1] A la vérité, le projet de loi promettait aux récalcitrants le remboursement au pair du capital de leurs rentes ; mais cet engagement subordonné, comme tous ceux de cette nature, à l'exigence des circonstances futures, ne semblait pas, par cela même qu'il était pris, devoir faire supporter au Trésor une bien grande masse de remboursements.

— En Angleterre, où *la propriété* jouit de tant de respect et d'immunités, les arrérages de rentes vont être imposés comme tous les autres revenus.

Paiement, classification et mouvement des rentes.

La plus grande partie des inscriptions de rentes est immobilisée de droit ou de fait, et demeure ainsi en dehors de l'action de la Caisse d'amortissement. Ce sont d'abord les rentes possédées par la Caisse d'amortissement elle-même; puis celles possédées par l'ancienne université (rentes que l'on devrait annuler, puisque les recettes et les dépenses du ministère de l'instruction publique sont actuellement comprises dans les services du budget); celles qui appartiennent à la Caisse des dépots, aux invalides de la marine, à la Légion-d'Honneur, à la Banque de France, comme fonds de réserve ou disponibles; à des établissements publics, religieux et privés en France et à l'étranger; à des compagnies d'assurances, à des caisses de retraites et de secours; puis celles qui forment des majorats, celles qui, dans les termes de la loi, sont engagées comme nantissement; celles qui sont la propriété de mineurs, d'absents ou de femmes mariées sous le régime dotal; enfin, et sans épuiser la nomenclature de toutes les causes qui immobilisent diversement beaucoup d'inscriptions, celles qui se transmettent intactes dans les familles, celles qui, égarées ou anéanties, ne sont jamais présentées au Trésor, et celles qui sont touchées par des dépositaires *pour le compte* de personnes devenues inconnues et même de personnes mortes, dont ces dépositaires ne connaissent ou ne recherchent pas les héritiers [1]. Il reste, pour prendre part au mouvement de la propriété des rentes perpétuelles, la portion variable de quelques unes de celles qui viennent d'être citées, et enfin celles qui sont dans les mains des banquiers, agents de change, spéculateurs et particuliers divers; et parmi ces dernières, il en est beaucoup qui sont ce qu'à la Bourse on appelle *classées*, c'est-à-dire qui sont des placements sérieux et ne sortent de leur immobilité habituelle qu'aux jours de hausse ou de baisse excessive.

Les arrérages de rentes sont payés *au porteur*, sur la simple présentation de l'extrait d'inscription [2]. Les rentes inscrites directement sur le grand livre

[1] Cette fraude cependant vient d'être combattue avec succès par une mesure d'ordre récemment introduite, et qui a fait restituer déjà la jouissance de leurs rentes à quelques propriétaires. Un timbre est apposé au dos des certificats d'inscription à chaque paiement d'un semestre échu; et lorsque la page est couverte entièrement (par l'empreinte de ces timbres) le porteur est tenu de justifier de son droit, de sa possession légitime pour obtenir du Trésor un nouveau certificat d'inscription, c'est-à-dire un nouveau titre sur le vu duquel la rente est payée.

[2] C'est Cambon, ministre des finances de la république pendant plusieurs années, qui donna au grand livre de la dette publique la forme simple et sûre et les combinaisons qu'on a conservées jusqu'à ce jour. — Des livres par ordre alphabétique et des cartons tenus en double et dans un local séparé, en cas d'incendie, sont ce qu'on appelle le *grand livre* : des extraits ou certificats d'inscriptions, uniques et uniformes, ont remplacé une multitude de contrats passés

de la dette publique et payées à Paris sont nominatives ou au porteur : les inscriptions dites départementales, délivrées par les receveurs généraux, dépositaires de livres auxiliaires dont la masse seule est constatée sur le grand livre de Paris, ne peuvent être que nominatives. Le nombre de ces inscriptions diffère chaque année sans qu'il soit possible d'indiquer d'une manière bien satisfaisante la cause de ces fluctuations : il dépassait le chiffre de 290,000 il y a cinq ans, et est descendu graduellement jusqu'à 260,000 pour toutes les natures de rentes, et en y comprenant les diverses inscriptions possédées souvent par la même personne. La masse des transferts auxquels donne lieu le mouvement de ces inscriptions a une importance annuelle de 120 à 130 millions : mais les deux tiers à peu près de cette somme ne représentent que des opérations d'ordre, résultant de mutations par suite de décès, de donations, de réunions ou coupures d'inscriptions, et d'autres virements [1], dans lesquels les agents de change figurent

avant la révolution par les notaires et à divers titres, entre l'état et les capitalistes.

Cette création du grand livre fut un des nombreux et infatigables services rendus au pays par cet habile administrateur. Les éléments qu'il trouva autour de lui n'étaient que des débris : tout était à faire, ou, ce qui est souvent plus difficile, à reconstituer, et il fit. Il est inutile de dire qu'il fut intègre...... (A sa sortie des affaires, sa fortune était notablement entamée, ainsi que celle de sa famille....) Il était un de ces immortels conventionnels sur lesquels on dirait qu'ont été réparties les vertus destinées à une longue succession d'assemblées représentatives.

[1] Un propriétaire veut vendre une portion seulement de sa rente,

pour une somme considérable; car dans leurs opérations de ventes et d'achats réels, ils font transférer à leur nom les inscriptions de leurs clients vendeurs, pour obtenir ensuite une nouvelle inscription au nom de leurs clients acheteurs. Les transactions *au comptant* ne s'élèvent annuellement et en définitive qu'à 36 ou 40 millions de rentes. Quant aux opérations *à terme*, il est impossible d'en fixer l'importance. La compagnie des agents de change pourrait peut-être établir un résultat approximatif, mais elle ne serait point disposée à le divulguer; il faudrait d'ailleurs ajouter à son aperçu ce qui se fait par les intermédiaires non officiels des jeux de la Bourse, c'est-à-dire par les agents *marrons*, ainsi que les marchés qui se traitent directement entre les joueurs et *négociants en fonds publics*. Pour nombrer l'importance de ces diverses opérations à terme, il faudrait se servir d'un chiffre qui irait au delà des centaines de millions.

Opérations de la Bourse.

Ce n'est point ici le lieu d'expliquer les opérations de la Bourse; cependant, par occasion, on peut dire en quelques mots que les prix différents des transac-

ou la partager en fractions (qui ne peuvent être au dessous de 10 francs), ou réunir ces fractions, ou donner cette rente en nantissement, ou changer la nature de son inscription, nominative ou au porteur, directe ou départementale; ou bien encore il survient un changement dans la position d'un usufruitier, ou d'un propriétaire absolu, etc.; toutes ces causes donnent lieu à l'annulation des anciennes inscriptions et à la création de nouvelles.

tions où les agents de change interviennent pendant la *tenue d'une bourse* forment ce qu'on appelle le *cours*, qui est *crié* à ses intermittences et qui avant, pendant et après *la bourse*, est influencé par les marchés de la *coulisse* (on appelle coulisse tout ce qui n'est pas *le parquet*, le sanctuaire des agents de change). Les *marchés fermes* sont d'une exécution obligatoire, opposés aux opérations *à prime*, lesquelles consistent à parier que *fin* du mois *courant* ou *prochain* telle rente sera à tel cours, *dont* 50 centimes, 1 franc et quelquefois davantage, sont abandonnés par *l'acheteur*, qui renonce à recevoir livraison de la somme de rentes convenues, tandis que *le vendeur* est exposé à la chance d'être forcé de livrer ce qu'il ne possède pas. Au jour des *liquidations*, il n'y a ordinairement que des *différences* à déterminer, à payer, pour le jeu simple et pour le jeu à prime; c'est-à-dire des différences sur le cours d'abord spécifié. Mais il arrive quelquefois que des spéculateurs exigent *livraison* de leurs adversaires, qui n'ont ni les rentes, ni même l'argent nécessaire pour les acheter ; de là quelques hausses factices et des embarras indépendants de tout événement politique. Des hausses et des baisses sont déterminées aussi par les efforts de quelques joueurs, assez puissants pour obtenir ces fluctuations ; une autre perturbation résulte encore des *exécutions*. On exécute un joueur, lorsqu'ayant des craintes fondées sur sa situation, sur les résultats de ses énormes engagements, l'on prend le parti extrême de vendre ou d'acheter, selon l'exigence des circonstances, et à tous prix dans les deux cas, les rentes que possède l'exécuté ou qui font l'objet de spéculations qu'on ne lui laisse pas le temps de mener à leur fin naturelle. *Le report* consiste à acheter d'un joueur des rentes réelles et à les revendre de suite, mais à un prix plus élevé, dont le paiement est *reporté* à un terme convenu (en conservant l'inscription) : le prêt qui résulte de cette opération est une ressource qui devient fort onéreuse lorsque le capitaliste, profitant de la rareté de l'argent, élève le prix du sien ; ce qui *fait* dire que *les reports sont chers* : elle devient une calamité, lorsque le capitaliste rentier refuse *de reporter* l'exécution du marché à une nouvelle époque. Ces opérations compliquées se combinent souvent entre elles; mais ce serait aller trop au delà du cadre de ces notes que d'en parler plus longuement.

Les manœuvres qui se pratiquent à la Bourse sont comme bien des accidents dans la vie des hommes : une chose mauvaise engendrée par une chose bonne. Avant l'institution (en l'an x) et la réunion sur un seul point d'agents spéciaux et officiels chargés, sous leur responsabilité, de vendre et d'acheter les rentes à un cours certain, authentique ; c'est-à-dire au mieux des intérêts communs, il y avait de véritables dommages pour toutes les parties. Ainsi, pour ne citer qu'un exemple à l'appui de ce que cette sorte de défense des agents de change peut offrir d'étrange, celui qui possédait des rentes et avait besoin d'argent perdait beaucoup de temps à chercher un acquéreur, et quelquefois aussi beaucoup de son capital sur une inscription avilie par des sollicitations.

Il serait injuste de juger toutes les opérations de la Bourse par quelques résultats retentissants qu'elles font naître. Un grand nombre de ces opérations embrassent des ventes et achats sérieux, au comptant ou à terme ; c'est-à-dire des spéculations légales qui doivent pouvoir s'exercer librement, qui sont légitimes, et l'on peut dire nécessaires, aussi bien que celles qui sont faites sur les maisons, sur les blés, sur le bois à brûler, lesquelles sont loin d'être nuisibles. Le jeu n'est que la conséquence, le mauvais côté, l'abus de la spéculation.

Il est à déplorer que le crédit public, c'est-à-dire l'intérêt général, soit quelquefois à la discrétion d'une bande d'affamés et de joueurs de haut et bas étages; il ne faut pas plaindre ceux qui se laissent larronner sottement, et dont l'espèce se reproduit comme celle des oisons ; il est scandaleux que quelques personnes (qui ne sont pas toujours celles qu'on accuse le plus haut) connaissant d'avance ce qui doit influencer le cours des rentes, puissent jouer à coup sûr et voler avec impunité. Mais un plus grand mal encore ressort de ces accidents et de ces désordres ; un mal qui est une honte pour notre époque, qui sera une souillure dans notre histoire : c'est que ces friponneries, classées parmi les spéculations, n'étant par le fait justiciables que de l'opinion publique, cette opinion, d'abord sévère, fasse bientôt et toujours grâce aux heureux coupables : son indulgence est une sorte d'approbation et de complicité.

En définitive, le mal produit par *la Bourse* [1] l'emporte de beaucoup sur les avantages qu'elle présente. Elle fait naître des appétits déshonnêtes, en montrant qu'on peut en peu de jours y faire une fortune impure, qui se réhabilite par quelques œuvres pies, ou par l'éclat de quelques paroles, ou par la modestie de ses premières allures. Elle excite à quitter et fait dédaigner les habitudes d'ordre et la vie laborieuse ; elle est le siége d'un mal qui tuera la moralité de notre nation.

[1] « La Bourse a eu aussi son contingent de croix d'honneur. Par une assez singulière répartition des faveurs ministérielles, les croix se sont partagées par moitié entre la coulisse et le parquet : trois de chaque côté. D'une part, MM...... agents de change, et de l'autre, MM..... »
(Tous les journaux, excepté ceux dits ministériels, des 4 et 5 mai dernier.)

CAISSE D'AMORTISSEMENT.

La Caisse d'amortissement n'était sous l'empire qu'une succursale, un comptoir du Trésor public, dont elle facilitait certaines opérations ; elle était chargée de la gestion de quelques services publics, ainsi que des attributions de la Caisse actuelle des dépôts et consignations. Mais, sauf quelques achats de rentes, avec des fonds d'ailleurs qui, pour la plus grande partie, provenaient de cautionnements, et que les besoins de 1815 firent revendre, ses opérations n'avaient aucun rapport avec celles que sa dénomination semblait indiquer. Son action, sa vie d'amortissement ne date que de la nouvelle organisation qui lui fut donnée par la loi du 28 avril 1816. Destinée à aider à la fondation du crédit public et à le soutenir, elle fut dotée d'abord d'un revenu annuel de 20 millions, bientôt élevé à 40, à l'appui duquel s'ajouta successivement le montant des arrérages des rentes rachetées avec cette dotation et avec le produit des ventes de bois, affectés en 1817 à cette destination.

Cet établissement avait grandi au gré de ses fondateurs ; ses forces avaient même dépassé les proportions que lui assignent ceux qui, sans vouloir sa suppression, n'adoptent ou n'approuvent pas la chimère ou le système de l'extinction de la dette publique; enfin, 37,500,000 fr. de rentes avaient été rachetées lorsque la loi du 1er mai 1825, postérieure de quelques jours à celle qui créait un fonds d'indemnité pour les émigrés, prescrivit dans un but politique l'annulation absolue des rentes qui seraient rachetées au dessous du pair, de juin 1825 à juin 1830 (voir page 29). Le 5 p. 0/0 dépassa ce cours constamment; il en fut presque toujours de même du nouveau et imperceptible 4 1/2 ; le 4 p. 0/0 n'existait pas ; et toute la puissance de la dotation et des arrérages payés à la Caisse d'amortissement, c'est-à-dire 77 millions 500 mille francs, agirent alors exclusivement sur le 3, qui était émis par cinquièmes annuels pour l'indemnité des émigrés, ou provenait de conversions consenties. Aussi pendant cette période de cinq années fut-il annulé plus de 16 millions de ce 3 p. 0/0, au grand profit de quelques spéculateurs, banquiers et autres.

Le gouvernement de juillet, malgré ses besoins, respecta d'abord les richesses de l'amortissement, et même il remit en vigueur le système d'accumulation successive, et rendit absolue, obligatoire pour l'avenir, l'augmentation de la dotation à chaque nouvel emprunt contracté. Cette augmentation, qui est de 1 p. 0/0 du capital nominal des rentes nouvellement négociées, date de 1828; mais jusqu'à la loi du 10 juin 1833, elle avait besoin d'être renouvelée par une disposition spéciale des lois qui autorisaient un emprunt.

Les emprunts contractés depuis 1828 eurent donc pour effet d'élever la dotation de l'amortissement de 40 millions au chiffre actuel de 46,526,683 fr.

Un nouveau système fut introduit par la loi précitée du 10 juin 1833. Les rentes possédées par la Caisse d'amortissement, déduction faite de 32 millions 5 pour 0/0, annulés par les lois des 27 et 28 juin de la même année, furent réparties, ainsi que la dotation, entre les quatre natures de rentes qui forment la dette perpétuelle, proportionnellement à leur importance ; et chacune d'elles, depuis le 1er juillet 1833, époque de l'exécution de cette loi, a son revenu propre et distinct qu'elle reçoit, jour par jour : en numéraire, si elle est dessous du pair, et, dans le cas contraire, en bons du Trésor avec intérêt à 3 p. 0/0. Ces bons sont mis en réserve pour être remboursés, un à un, à commencer par le plus ancien, lorsque le cours de la rente propriétaire redescend au dessous du capital nominal (cette prévision s'est plusieurs fois réalisée pour les 4 1/2 et 4 0/0) ; mais leur importance, à peu près entière, a été convertie en rentes nouvelles, en vertu de l'autorisation donnée à cet effet par diverses lois au ministre des finances, qui a employé ce capital aux paiements des dépenses publiques. La quote-part de chaque rente s'augmente donc dans tous les cas, soit du montant des rachats effectués avec les fonds lui appartenant, soit des inscriptions opérées par la consolidation de *ses* bons.

EFFECTUÉES PAR LA CAISSE D'AMORTISSEMENT

DEPUIS 1816 JUSQU'AU 1er JANVIER 1842 ; EMPLOI QUI A ÉTÉ FAIT DE CES FONDS ET REVENUS ACTUELLEMENT ATTRIBUÉS A CET ÉTABLISSEME

NATURE DES RENTES.	Fonds reçus par la Caisse d'amortissement du 1er juin 1816 (date de son institution) au 1er janvier 1842, tant pour la dotation que pour les arrérages des rentes successivement acquises par elle :		EMPLOI DES FONDS REMIS A LA CAISSE. — Rentes rachetées par elle ou provenant de la conversion de ses bons.		RENTES ANNULÉES. — 16,020,094 au fur et à mesure des rachats de 1825 à 1830. — 32 millions par mesure d'économie ; lois des 27 et 28 juin 1833.	RESTE Pour rentes inscrites au nom de la caisse, et dont le montant est réparti ci-contre, par nature de fonds.	Revenus de la Caisse répartis et établis pa et d'après la loi du 10 juin 1833 ; lesque sont payés par le Trésor, en numérair ou en bons, selon que le cours de chaqu rente est au dessous ou au dessus du pai		
	En numéraire employé aux rachats. Coût des rachats	En bons ultérieurement convertis en rentes.	Rentes rachetées de 1816 au 1er janvier 1842.	Rentes provenant de la conversion des bons, depuis la loi du 10 juin 1833.			Rentes selon leur affectation.	Dotation payée annuellement.	TOTAL.
	(a)	(b)							
5 0/0	734,727,450	461,689,201	44,540,978	»	32,000,000	12,540,978	32,014,330	32,035,779	64,050,10
4 1/2	2,903,815	2,744,774	138,366	»	7,068	131,298	251,039	246,254	497,29
4 0/0	15,705,861	4,081,935	691,959	15,294,420	9,740	15,976,639	834,262	821,439	1,655,70
3 0/0	683,720,922	»	27,858,783	3,780,116	16,003,286	15,635,613	11,184,897	13,423,211	24,608,10
	1,437,058,048	468,515,910	73,230,086	19,074,536	48,020,094	44,284,528	44,284,528	46,526,683	90,811,21
	1,905,573,958		92,304,622		92,304,622		90,811,211		(c)

(a) Y compris la somme de 88,000,000, provenant de ventes de bois de l'état, dont une partie du produit net a été affecté à la Caisse d'amortisseme de 1818 à 1826, en augmentation de ses ressources ordinaires.

(b) Y compris les intérêts ajoutés aux bons.

(c) La Caisse étant payée chaque jour par le Trésor, en bons ou en numéraire, l'importance de ses ressources est destinée à s'accroître progressivem soit des intérêts des bons qui lui sont remis pour *le revenu des rentes* dont le cours est au dessus du pair ; soit des arrérages des rentes provenant d conversion des bons et de celles qu'elle possède, rachète et accumule successivement.

L'application de la réserve de l'amortissement aux dépenses publiques avait d'abord été seulement autorisée; puis elle a été ordonnée par les lois de finances — celles qui portent fixation approximative des budgets, — et enfin cette réserve est devenue une sorte de ressource ordinaire; on la met en face des dépenses, au milieu de produits et revenus certains. On est même parvenu à violenter, à dénaturer les dispositions de la loi de 1833, sans la rapporter — au moyen d'un jeu de mots qui figure en toute gravité dans le discours du ministre pour la présentation du budget de 1842: « Les fonds de l'amortissement *appartien-* « *nent à la* DETTE, est-il dit dans ce discours; leur « véritable, leur spéciale destination est de libérer « l'état : nous ne pouvons donc leur donner un em- « ploi mieux approprié à leur but que de les appli- « quer à l'extinction des découverts. » — Ces découverts sont les déficits des budgets.

Les consolidations de bons sont une conséquence, une consécration du rude coup porté à l'institution par les annulations de 1825, et surtout de 1833; elles sont un acheminement à la réforme que ces annulations ont préparée, et qu'il serait peut-être dans l'intérêt du Trésor, du crédit et de l'ordre publics d'adopter sans retard.

L'exécution incessante et loyale du système de rachat continu et accumulatif a heureusement secondé les efforts du Trésor, à une époque où il ne trouvait qu'à des conditions désastreuses le complément de ce que les sacrifices immédiats du pays (c'est-à-dire les impôts) ne pouvaient lui apporter; mais aujourd'hui, l'action, les rachats de la Caisse sont inaperçus et insignifiants dans leurs conséquences pour le crédit public; ils ne font qu'enrichir stérilement le portefeuille d'une annexe du Trésor. Les choses les meilleures à leur origine voient quelquefois leur mérite s'altérer et disparaître, et le vieux système d'un amortissement, qui n'amortit pas, paraît avoir fait son temps. Qu'on applique à la réduction de la dette ce qu'on ne saurait que faire de la balance des budgets *quand les excédants de recettes reviendront;* mais lorsqu'on a besoin d'argent, qu'on n'agisse pas comme tel homme qui, pour payer des créances non exigibles, emprunterait à un intérêt plus élevé que ces créances; ou qui, ayant à faire des dépenses urgentes ou profitables, ne toucherait à une portion de son revenu que pour le transporter de sa maison de la ville à sa maison des champs.

L'annulation des rentes inscrites au nom de la Caisse d'amortissement ne causerait ni perturbation ni dommage : il en serait de même sans doute de la suppression de sa dotation, et, dans tous les cas, l'on pourrait s'arrêter à une suspension temporaire. Les mots effraient souvent plus que la chose elle-même : la vérité est que la suspension de toute action de l'amortissement existe de fait pour les 5 et 4 1/2, et que cependant ces deux fonds se sont maintenus au dessus du pair depuis 1835 (sauf pendant quelques mois de l'année 1840, pour le 4 1/2). Les 91 millions inscrits aux budgets pour les revenus de l'amortissement se réduisent donc à la portion afférente au 5 0/0, à 25 millions, puisque ces budgets reprennent par des virements d'écritures ce qu'ils semblent donner aux autres fonds.

Sous un autre point de vue, et quoique l'institution de la Caisse d'amortissement ait été d'une grande utilité publique, il n'en faut pas moins remarquer que l'ensemble de ses opérations a été fort onéreux au Trésor. S'il ne s'agissait que de pertes temporaires, de sacrifices nécessaires (productifs quelquefois), il ne faudrait pas employer la logique trop rigoureuse des chiffres; mais ces opérations ont survécu à la nécessité des temps, elles sont devenues continues, systématiques; voici donc des chiffres :

De 1815 à 1832, le Trésor a négocié par des emprunts au taux moyen de 73 francs 27 c. une masse de 119,218,382 fr. de rentes 5 0/0, sur lesquels la Caisse d'amortissement en a racheté 44,540,978 au cours moyen de 82 f. 47 c. et au prix de.	734,700,000
Cette somme de rentes n'avait produit que . .	652,700,000
Ce calcul fait donc ressortir, pour le 5 0/0 seulement, une perte de	82,000,000

Il y a donc eu perte pour le Trésor toutes les fois que la Caisse d'amortissement a racheté du 5 p. 0/0 au dessus du cours moyen des négociations; — perte également lorsque le 5 p. 0/0 a été (jusqu'au dernier emprunt contracté en octobre dernier) racheté au dessus de 75 fr., taux qui a servi de base à la conversion, en 1825, du 5 p. 0/0; et lorsqu'il est actuellement racheté au dessus de 78 fr. 52 1/2, taux de cet emprunt (voir page 52). Il a été émis trop peu de 4 1/2 pour que ce rapprochement offre quelque importance; — mais le rachat du 4 0/0 présente toujours du bénéfice, provenant, pour la portion rachetable, d'un emprunt contracté à 102,07 ; le surplus est immobilisé de droit dans le portefeuille de la Caisse d'amortissement elle-même, et de fait dans celui de la Caisse des dépôts et consignations.

D'autres rentes 5 p. 0/0 ont été inscrites, il est vrai, pour divers motifs au capital nominal de 100 fr., et il en a été de même pour les 26 millions de 5 p. 0/0 donnés aux anciens propriétaires dépossédés; mais il ne peut être question ici que des négociations à l'occasion desquelles la dotation de la Caisse est augmentée d'une somme égale au centième du nouveau capital nominal, et non d'autres émissions, qui n'ont donné et ne donnent pas lieu à cette augmention proportionnelle de la puissance de la Caisse. Il n'y a lieu à comparer que les ressources produites par les négociations et les charges que fait supporter au Trésor le rachat des inscriptions. Ces rachats onéreux ne profitent réellement qu'à quelques banquiers et hommes d'argent; ainsi les derniers emprunts contractés par le Trésor l'ont été aux conditions suivantes :

Au taux de 98 fr. 50 c., en 5 p. 0/0 (1832).

Et à celui de 78 fr. 52 1/2 en 3 p. 0/0 (octobre 1841).

Tous les deux pour un capital de 150 millions réalisables : le premier en seize termes, et l'autre en douze termes, s'échelonnant de mois en mois; et pendant le cours du mois, le jour même où le ministre, agissant dans l'intérêt du Trésor, négociait ces emprunts, la Caisse d'amortissement, opérant dans ce que l'on ne peut vraiment appeler le même intérêt, rachetait du 5 p. 0/0 au dessus de 99 fr., et du 3 p. 0/0 à 80 fr.

Ces rapprochements font incontestablement ressortir la perte qui résulte pour le Trésor du système actuel du rachat des rentes ; et indépendamment d'autres considérations qui ont trouvé leur place plus haut, il faut ajouter que l'intervention de la Caisse d'amortissement n'a point, ne peut même point avoir le pouvoir d'arrêter la baisse des fonds publics : elle n'a point non plus d'influence déterminante pour les souscripteurs d'emprunts. Car si, à l'occasion du dernier emprunt, ces privilégiés et heureux souscripteurs devaient espérer de réaliser, et ont réalisé immédiatement un facile profit, c'est à la différence entre le taux de l'adjudication et le cours de la Bourse qu'ils doivent ce profit : la Caisse d'amortissement n'eût point existé pour en faire les fonds par contre-coup, qu'ils auraient trouvé des acheteurs également. Les souscripteurs de l'emprunt à 98 fr. 50 c., 5 p. 0/0, ne basaient point l'éventualité de leurs bénéfices sur les rachats de la Caisse ; ils comptaient sur une hausse au dessus du pair et non sur une hausse incertaine de quelques centimes, c'est-à-dire sur une faible fluctuation pouvant se résoudre en une baisse. Enfin, l'on a vu (en 1830) un emprunt être adjugé au dessus du pair ; et si en octobre dernier, un ministre qui n'eût pas été partisan fort prononcé de la conversion eût voulu, pour mettre un immense obstacle de plus à cette conversion (et en domptant ou tournant la résistance des banquiers), donner la préférence au 5 p. 0/0 sur le 3 ; c'est au dessus du pair que l'emprunt eût été adjugé, c'est-à-dire à un taux où cesse l'action de la Caisse d'amortissement.

La loi veut que ces mots *au dessus du pair* veuillent dire au dessus de 100 fr. Cet étrange et uniforme capital nominal, cette base fausse, contribue beaucoup à perpétuer les pertes systématiques du Trésor : le pair est bien 100 fr. pour le 5 p. 0/0, mais au denier vingt, taux légal de l'intérêt en France, c'est-à-dire à 5 p. 0/0 l'an, le pair n'est plus que de 90 fr. pour le 4 1/2 ; de 80 fr. pour le 4 p. 0/0, et de 60 fr. pour le 3. Dans tous les cas, c'est au dessous de ce pair véritable que la Caisse devrait opérer des rachats. Car aujourd'hui, pour éteindre la même somme de rentes, 12 fr. par exemple, le cours du 4 p. 0/0 étant à 99 fr. 50 c. et celui du 3 p. 0/0 à 80 fr. (ces deux opérations, ces deux chiffres se sont présentés simultanément), la Caisse dépensera 298 fr. 50 c., en achetant du 4 p. 0/0, et 320 fr., en achetant du 3 p. 0/0. Qui pourrait trouver bon et logique un pareil système ?

La Caisse d'amortissement est donc une institution onéreuse pour le Trésor, quant à ses rachats, et vaine, quant à son action sur le crédit public, puisqu'elle n'agit plus sur la portion la plus considérable de nos fonds. L'on ne peut voir vraiment que des sentences sans valeur — comme les ministres se croient obligés d'en proclamer quelquefois — dans ce passage de l'exposé des motifs du budget de 1845 : « L'amortisse-

« ment, *tel qu'il se trouve constitué par nos lois*, est « maintenant la clef de voûte de notre système finan- « cier; son inviolabilité est à la fois un principe de « vie et de puissance pour le crédit public, un frein « opposé à l'exagération des dépenses, une ressource « pour les temps difficiles, un préservatif contre l'abus « des emprunts. » Oui, c'est la clef de voûte d'un système qui engage les ressources de la France, et ainsi paralyse ses volontés pour dix ans! Mais il ne faut point parler de l'inviolabilité de l'amortissement, pour ajouter immédiatement que « ses réserves sont affectées à « l'acquittement des charges du Trésor; » car ces réserves, *telles qu'elles ont été constituées par nos lois*, étaient destinées aux rachats futurs. Il ne faut point dire que l'amortissement est une ressource pour les temps difficiles, puisque cette ressource est aliénée dès à présent. Il ne faut point le considérer comme un préservatif contre l'abus des emprunts, puisque les emprunts ne sont point un abus dans l'état actuel de nos finances, mais une nécessité; et que le ministre des travaux publics fait figurer avec raison dans son exposé des motifs du projet de loi sur les chemins de fer l'emprunt complet de 450 millions autorisé en 1841, réalisé seulement pour 150 millions, parmi les ressources qui doivent faire face aux déficits et besoins actuels ou prochains. Enfin il faut bien moins encore présenter l'amortissement (c'est-à-dire ses réserves) comme un frein opposé à l'exagération des dépenses : car, à aucune époque, certes, les dépenses n'ont été aussi élevées.

En aucun temps l'on n'a vu des dépenses aussi exorbitantes reposer sur des bases aussi fragiles.

Combien en effet sont précaires les ressources que l'on destine à couvrir des dépenses réelles. — Les emprunts temporaires et perpétuels, c'est-à-dire la *dette flottante*, déjà fort élevée, et les *emprunts en rentes*, demandés à des capitaux défiants et exigeants, combleront les déficits des budgets. — Quant aux travaux publics extraordinaires, votés en 1841, ils seront, dit-on, payés avec les réserves de la Caisse d'amortissement. — Pour le rachat des canaux et de leurs actions de jouissance; les réserves. — Pour la part de l'état évaluée tout d'abord à 400 millions dans la construction des chemins de fer; les réserves encore. — Viennent d'autres dépenses extraordinaires; ce seront aussi les réserves; car les emprunts ont une limite. — Toujours les réserves! Mais l'on est donc bien certain que les rentes demeureront au dessus du pair. On a donc lu ou écrit dans le livre des destins de la France. (Voir aux explications sur la dette flottante et sur la situation du Trésor.)

Il est peut-être démontré que la Caisse d'amortissement est *aujourd'hui* une institution vaine et onéreuse; il faut ajouter, pour terminer, qu'elle est dangereuse; car son action serait nécessairement suspendue, si une crise et des besoins extrêmes venaient à surgir. — Au moyen des accumulations successives, ses revenus (avec sa dotation annuelle) atteindront promptement 100 millions; et si la France était en état de guerre, il est hors de doute que le 5 p. 0/0 descendrait au dessous du pair et de beaucoup; que les conditions des souscripteurs d'emprunts, s'il s'en présentait, seraient proportionnées à l'étendue de nos besoins et de nos dangers. Eh bien! peut-on supposer qu'en ces circonstances les chefs de l'état donneraient 100 millions à la Caisse d'amortissement pour racheter des rentes et laisser nos flottes et nos armées manquer d'hommes, d'approvisionnements, de munitions; qu'ils rendraient d'une main à leurs prêteurs ce qu'ils auraient reçu de l'autre. Cette suspension forcée de l'amortissement ajouterait donc à la crise, au trouble financier : tandis qu'en plein crédit et dans le calme plat d'aujourd'hui la confirmation légale d'une suspension, qui existe de fait pour les trois quarts de l'importance de l'amortissement, n'entraînerait aucun inconvénient sérieux.

Si l'on ne veut pas supposer que la France soit jamais en état de guerre, l'on doit admettre au moins qu'on peut en avoir *la crainte*, plus fondée encore qu'il y a deux ans. La crise et la perturbation seraient grandes alors, et il serait tout aussi difficile, qu'en état de guerre, pour ne pas dire impossible, de continuer à servir les revenus de la Caisse d'amortissement.

RENTES VIAGÈRES.

Avant la révolution de 1789, le Trésor, dans ses moments d'embarras, et ils étaient fréquents, agissait comme les hommes qui n'ont pas d'ordre, et même comme ceux qui, raisonnant leur désordre, calculent ou prévoient la catastrophe finale, la ruine ou la banqueroute; il escomptait l'avenir pour jouir précairement du présent. Parmi les détestables moyens financiers employés alors, et bien appelés *expédients*, furent les constitutions de rentes, dont la combinaison et l'élévation d'intérêts étaient préjudiciables au Trésor, en raison directe du profit présenté aux capitalistes.

L'importance de ces rentes s'élevait à plus de 100 millions, à l'époque où fut le terme fatal des expédients. Les conversions en rentes perpétuelles, imposées d'abord, puis offertes par le gouvernement révolutionnaire et opérées sans bénéfices, même à perte pour l'état, plus mauvais calculateur que l'intérêt privé, firent descendre ce chiffre à 85 millions. L'effet de la loi du 24 frimaire an VI, c'est-à-dire la réduction des deux tiers, l'annulation des titres appartenant à des émigrés ou condamnés politiques, et enfin le paiement avec ces valeurs des achats de domaines nationaux agirent sur cette dernière somme de 83 millions. Aujourd'hui, par suite des extinctions naturelles, cette dette viagère ne s'élève plus qu'à 3 millions deux cent mille francs, pour disparaître un jour complétement du budget.

Ces rentes sont divisées en quatre classes, dont l'importance se modifie chaque jour, reposant sur une, deux, trois ou quatre têtes co-partageantes; et chacune de ces rentes est payée en son entier jusqu'au décès du dernier des quatre, ou des trois, ou des deux personnes qui composent ces classes. On peut évaluer le nombre des parties actuelles à un peu plus de dix-huit mille, dont les deux premières catégories forment presque l'universalité. — L'on peut évaluer, car un seul certificat de vie étant exigé pour le paiement d'un titre de ces rentes, il n'est pas possible de connaître exactement le nombre des bénéficiaires.

INTÉRÊTS,

PRIMES ET AMORTISSEMENT DES EMPRUNTS

CONTRACTÉS PAR L'ÉTAT,

POUR L'EXÉCUTION DE PONTS, CANAUX ET TRAVAUX DIVERS SOUMISSIONNÉS.

Il a été emprunté par l'état, à des compagnies et à des particuliers, quelquefois à la Caisse des dépôts et consignations, une somme de 145,780,000 fr., applicable à l'exécution ou à l'achèvement de ponts, canaux et travaux de divers ports et de navigation. La presque totalité de cette dette, 139,890 fr., a été contractée en vertu de lois de 1818, 1821 et 1822, et le surplus, 5,890,000 fr., en 1829, 1831 et 1835.

Le remboursement de ces emprunts a été très diversement déterminé, mais toujours à des conditions fort onéreuses, sauf ce qui concerne les prêts peu importants et immédiats de la Caisse des dépôts. Il a lieu, pour la portion la plus considérable, par l'établissement d'un fonds annuel d'amortissement, fixe ou progressif, auquel sont ajoutés des intérêts dont l'importance de 5 à 6 0/0, communément, est quelquefois rattachée au capital pendant la durée des travaux ; il y est ajouté aussi des primes de 1/2, 1 et 2 0/0 qui sont payées jusqu'à l'extinction du prêt et quelquefois éventuellement seulement : par extension ou en dehors des avantages qui précèdent, les produits et revenus des travaux exécutés sont, en partie ou en totalité, abandonnés temporairement aux adjudicataires, ou complétés par le Trésor en cas d'insuffisance et jusqu'à une certaine somme, ou affectés à l'augmentation de l'amortissement, ou enfin partagés entre l'état et les compagnies pendant un certain nombre des années qui suivent l'époque du dernier versement ou de l'amortissement complet du capital.

Ces diverses stipulations, qui se combinent quelquefois entre elles, se divisent en deux catégories distinctes ; la plus importante comprend les emprunts suivants, dont l'amortissement est directement, matériellement supporté par le Trésor, indépendamment des autres charges.

Des annuités formées d'un intérêt à 5 0/0 et d'un fonds d'amortissement ont été payées à la Caisse des dépôts pour les emprunts concernant les travaux des ports de Dunkerque et de Granville. (La ville de Granville payait les intérêts.) Cette dette est amortie, ci	2,148,000
Mêmes conditions pour les travaux de navigation du Tarn, dont le capital ne sera amorti que dans 24 ans.	800,000
Pour divers ponts les droits de péage appartiennent au Trésor, qui paye aux bailleurs de fonds une annuité de 10 0/0 sur chacun des versements ou depuis l'achèvement des travaux (6 0/0 d'intérêts, 2 0/0 de prime, 2 0/0 pour amortissement). En cas d'insuffisance de produits pour l'un de ces ponts, la ville et le département fournissent un contingent. Ce n'est que dans 6 ans à peu près que les emprunts seront amortis.	4,850,000
A reporter.	7,798,000

Report. 7,798,000

Pour ce qui concerne le canal du Rhône au Rhin, les intérêts sont à 6 0/0; et l'amortissement, fixé à 2 0/0, s'accroît de la somme dont sont réduits les intérêts : ce qui porte invariablement à 800 mille francs (auxquels sont ajoutés 15 mille autres francs pour frais d'administration) une annuité à laquelle doit s'ajouter éventuellement, à dater du dernier versement fait par les prêteurs, la moitié du produit du canal dégagé des frais de perception et des 815 mille francs garantis par le Trésor. Après l'amortissement complet, et pendant 99 années, dont la première remonte à la date des derniers versements faits au Trésor, la compagnie doit partager avec l'état le revenu net du canal. Les travaux commencés en 1821 devaient être terminés en 6 ans; une prime de 1 0/0 pour la première année et de 2 0/0 pour les autres devait être payée par l'état en cas de retard, et a été effectivement payée jusqu'en 1834. 10,000,000

Les droits et revenus de la navigation de l'Oise et des canaux de la Somme et des Ardennes sont affectés à l'amortissement du capital, aux intérêts de 6 0/0 et à la prime qui est de 1/2 0/0 pour les deux premiers de ces travaux et de 1 0/0 pour l'autre. Si ces revenus sont insuffisants, le complément est fourni par le Trésor; s'ils sont supérieurs à ces prélèvements, ils appartiennent à la compagnie qui doit partager les revenus *nets* avec l'état, pendant une période de 50 années après l'amortissement intégral. 17,600,000

Des conditions de même nature ont été posées pour les canaux de Bourgogne, d'Arles, de Bretagne, du Nivernais, de Berry et pour le canal latéral à la Loire; mais l'intérêt n'est que de 5 fr. 10 c. à 5 fr. 62, la prime de 1/2 0/0 et la co-jouissance de 40 ans après le remboursement. . . 98,500,000

(Total des trois sommes ci-dessus : 126,100,000 [1])

Ces emprunts seront remboursés dans 18, 25 et 28 ans.

A reporter. 133,898,000

[1] Cette somme n'a pas suffi pour l'exécution de certains canaux ni

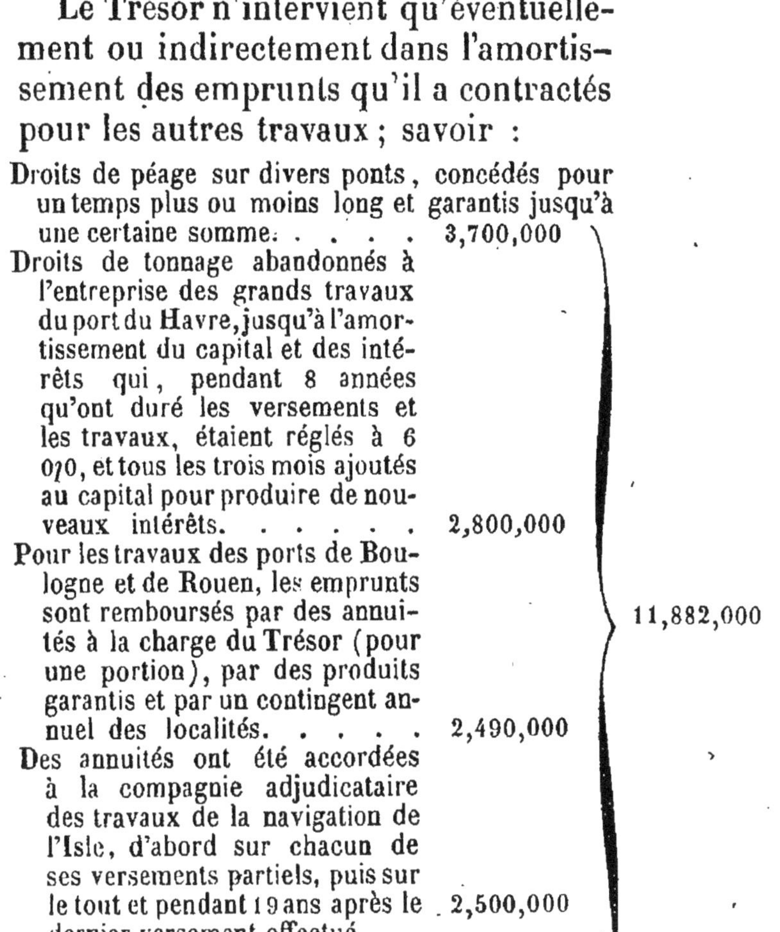

Report. 133,898,000

Le Trésor n'intervient qu'éventuellement ou indirectement dans l'amortissement des emprunts qu'il a contractés pour les autres travaux ; savoir :

Droits de péage sur divers ponts, concédés pour un temps plus ou moins long et garantis jusqu'à une certaine somme.	3,700,000	
Droits de tonnage abandonnés à l'entreprise des grands travaux du port du Havre, jusqu'à l'amortissement du capital et des intérêts qui, pendant 8 années qu'ont duré les versements et les travaux, étaient réglés à 6 0/0, et tous les trois mois ajoutés au capital pour produire de nouveaux intérêts.	2,800,000	
Pour les travaux des ports de Boulogne et de Rouen, les emprunts sont remboursés par des annuités à la charge du Trésor (pour une portion), par des produits garantis et par un contingent annuel des localités.	2,490,000	11,882,000
Des annuités ont été accordées à la compagnie adjudicataire des travaux de la navigation de l'Isle, d'abord sur chacun de ses versements partiels, puis sur le tout et pendant 19 ans après le dernier versement effectué. . .	2,500,000	
Enfin, une portion des travaux du port de Dunkerque doit être remboursée par la ville et le départ[t].	392,000	
		145,780,000

La lecture de ces stipulations indique pour l'état des sacrifices que l'esprit ne saurait ou n'oserait

pour l'achèvement d'autres dont les travaux avaient été commencés antérieurement aux emprunts, avec les ressources ordinaires de l'état. 17 millions y ont été destinés sur les fonds des travaux publics extraordinaires.

traduire en chiffres, et que la pensée des auteurs de ce mode d'emprunt n'avait sans doute pas pressentis, appréciés. Les comptes rendus par les ministres des travaux publics et des finances, ainsi que les budgets, seront un contrôle pour ceux qui croiront que les chiffres ci-dessous sont erronés.

Au 1er janvier 1842, le Trésor avait payé ou abandonné :

Pour l'amortissement du capital des emprunts qu'il doit rembourser directement. .	20,000,000	150,000,000
Pour intérêts, primes, annuités et insuffisance ou concessions de droit péage, au profit des adjudicataires des mêmes emprunts et des autres bailleurs de fonds. .	130,000,000	

Pour amortir 20 millions (sur 135) et une portion du capital (12 millions), qui n'est pas à la charge directe du Trésor, il a donc été dépensé 150 millions ! et après l'amortissement complet, il restera des actions de jouissance, séculaires !

Ce rapprochement ne peut toutefois servir de base à la recherche de ce que coûtera l'amortissement de l'emprunt entier ; car il faut tenir compte de l'augmentation de revenus que doivent amener l'achèvement des travaux et leur exploitation, plus ancienne chaque année ; ainsi que de la réduction des charges du Trésor, partielle ou complète, dans quelques circonstances.

Il est juste de rappeler, d'un autre côté, qu'à l'époque où ces emprunts ont été contractés, c'est à 15 et

20 0/0 de perte que l'état empruntait pour d'autres services et besoins, et que l'argent dépensé en travaux publics n'est qu'une transformation, souvent une augmentation d'un capital qui profite au pays tout entier, et par conséquent au budget, lequel a sa part dans la prospérité générale.

Indépendamment des plaintes élevées contre le mauvais état et l'établissement de quelques travaux, surtout de certains canaux, on déplore l'obstination de quelques compagnies à maintenir des tarifs souvent inégaux, toujours exorbitants; ce qui fait négliger ou abandonner ces voies de communication, qui sont quelquefois la continuation les unes des autres. La raison de ce vouloir est simple : les hommes en communauté sont, comme l'homme isolé, généralement paresseux et couards lorsqu'il s'agit d'innover, et rebelles lorsqu'on leur demande de changer, au profit de l'intérêt général, une chose qui leur semble être et qui leur est fort bonne ; car l'état garantit aux actionnaires de ces travaux un intérêt fort élevé, sans parler des actions de jouissance accordées sous les diverses conditions indiquées plus haut.

Un homme qui a trouvé dans son passage au ministère la popularité que les hommes politiques y perdent souvent... lorsqu'ils l'avaient auparavant.... a présenté à la chambre des députés, au commencement de la dernière session, un projet qu'il prétendait devoir remédier au mal rongeur de ces emprunts. Ce projet fut reçu avec dédain ; il était cependant opportun. Il y avait si bien *quelque chose à faire* à ce sujet, que le ministre des travaux publics dut prendre l'engagement d'en présenter un, lui aussi, prochainement. Cette promesse a été tenue, mais le projet de loi n'a pas été discuté.

Il en sera probablement de même de celui qui est actuellement soumis à une commission de la chambre. Quelle que soit jamais, dans tous les cas, sa destinée à la chambre élective, il mourra dans l'autre..., à moins cependant que ce que l'on appelle les *droits acquis* ne reçoivent ce que l'on appelle encore une *juste*, c'est-à-dire une immense satisfaction. On a parlé à la chambre, dans les discussions des bureaux sur le dernier projet de loi, d'une indemnité de 26 millions pour le rachat des actions de jouissance dans les entreprises des canaux (indépendamment du remboursement du capital qui reste à amortir) ; mais ce chiffre semble bien arbitraire, bien peu élevé.

INTÉRÊTS

DE CAUTIONNEMENTS.

Pendant les premières années de *la révolution*, les détenteurs des fonds du Trésor étaient seuls astreints à fournir pour garantie de leur gestion une hypothèque immobilière, bonne ou mauvaise, rarement contestée, rarement poursuivie ; à cette époque encore, quelques emplois de comptables se sont adjugés, quasi un rabais, au citoyen qui se contentait du moindre salaire. Le rabais ne devait cependant pas aller jusqu'à prendre une forme gratuite, car malgré le patriotisme, le désintéressement vrai qui était le caractère de ce temps-là, on ne devait pas supposer de pures intentions à celui qui paraissait vouloir se dévouer à une vie de contestations, de soins minutieux, de réquisitions irritantes, et, en définitive, de responsabilité sans profit, sans compensation, même en considération. Toute peine mérite salaire, en général. Il y avait du bon dans ce système, et ne pourait-on l'appliquer à des emplois qui n'exigent pas d'études spéciales ou difficiles, comme il y en a beaucoup de par Paris et les départements.

Ce ne fut qu'en 1800 (frimaire an VIII) que l'on soumit les receveurs généraux d'abord à un cautionnement sérieux *en numéraire ;* puis, dans les mois suivants, les quatre payeurs généraux qui existaient alors, et les préposés de l'enregistrement, des douanes, des postes, de la loterie (les contributions indirectes n'étaient point encore rétablies), les notaires, les greffiers des tribunaux, puis les huissiers et les receveurs particuliers des finances, puis les agents de change, puis, et seulement en l'an II, les percepteurs des villes de 15,000 habitants, et en l'an XII ceux des autres communes, etc. On finit par atteindre et soumettre à cette formalité à peu près tous ceux auxquels est confié le soin des intérêts matériels du Trésor et des particuliers. Il y eut aussi, mais beaucoup plus tard (et de plus en plus considérables, à mesure que s'accroissait ce qu'on appelle la liberté), des cautionnements politiques imposés aux journalistes [1].

L'intérêt général a été certainement apprécié, lorsqu'on exigea des comptables, et dès les temps les plus reculés, qu'ils donnassent un gage de leur bonne gestion. Mais cette garantie, qu'on peut appeler morale et effective pour la discipline ordinaire, est insuffisante

[1] Il est étonnant que quelques journalistes s'efforcent d'étendre le cercle où ils sont renfermés ; car tout s'agrandissant en même temps, il leur faudrait, dans un temps donné, être millionnaires pour avoir le droit de parler.

contre les hautes malversations, ainsi qu'à l'égard des officiers ministériels qui, selon la loi, ne devraient point faire de *mauvaises affaires*, puisque toutes spéculations leur sont interdites, mais qui en font. Indépendamment de la garantie cherchée, ces fonds ont servi encore à venir en aide au Trésor public. — En 1816, les cautionnements nouvellement créés et les suppléments exigés n'ont été qu'un véritable emprunt forcé, frappé sur quelques comptables et officiers ministériels.

Déduction faite du montant des cautionnements appartenant à des titulaires des départements séparés de la France, et qui ont été remboursés, ceux qui sont inscrits au Trésor en exécution de lois antérieures à la restauration s'élèvent à.	152,975,907 62
Et ceux qui ont été versés en vertu des lois de 1816 et 1820, à.	65,122,000 »
Total pour 83,600 titulaires.	218,097,907 62

Cette somme ne comprend que des cautionnements de comptables et d'agents des finances, ainsi que ceux des notaires, avoués, huissiers, greffiers, agents de change, etc. ; cautionnements que la loi a imposés préalablement à l'exercice de certaines fonctions et de charges permanentes. Ceux des propriétaires de journaux (d'une importance de 5 à 6 millions), et ceux des fournisseurs et adjudicataires de travaux sont compris dans l'excédant flottant dont il va être question.

Le montant intégral de ces fonds a été employé

aux services des budgets, c'est-à-dire dépensé, et doit être compris dans la somme des dettes de l'état. Mais cette nature de dettes est inaperçue ; il se présentera toujours des fonctionnaires dont les versements serviront à opérer les remboursements : les recettes sont même constamment plus considérables que les restitutions, par la raison que les anciens titulaires subissent toujours un retard dans la rentrée de leurs cautionnements, soit que leur gestion ne soit point apurée, soit qu'ils n'aient pas rempli toutes les formalités prescrites à cet égard, tandis que les nouveaux ont dû verser les leurs avant de prendre possession de leur emploi. Cet excédant de recette s'augmente de l'importance entière et absolue des cautionnements, qui sont classés comme temporaires et accidentels, et (l'on ne saurait en donner les motifs) de ceux qui sont versés pour des emplois nouvellement créés ou soumis à cette formalité, ou pour de nouveaux suppléments.

Cet excédant est mentionné comme fonds disponibles dans le passif du bilan de l'administration des finances pour.	16,902,092 38
Et venant en augmentation au chiffre indiqué plus haut, de.	218,097,907 62
Il élève le montant des cautionnements, appartenant à 90,000 titulaires, à la somme totale de.	235,000,000 »

A différentes époques il a été question de convertir les fonds de cautionnements en inscriptions de rente 4 p.0/0, taux auquel les intérêts sont payés par le Trésor.

On dit à l'appui de cette mesure qu'elle simplifierait le mécanisme de la comptabilité, en supprimant quelques écritures. C'est possible pour ce qui concerne le mouvement des caisses, comparé à celui qui se ferait alors au grand livre; mais il y a un autre point de vue à envisager ; c'est que si les fonctionnaires sont la chair de la chair du gouvernement, s'il est bien, en thèse générale, qu'il y ait communauté d'intérêts entre eux et lui ; il serait mal de rendre un homme solidaire des vicissitudes de la rente, de lui donner l'occasion de jouer peut-être, et d'aller dans le mauvais lieu qu'on appelle la Bourse ; de lui faire échancrer de cinq, dix ou quinze pour cent un capital qu'il a donné entier.

Jusqu'à présent, le redevable du Trésor, pour le cautionnement à fournir, trouvait plus de facilité à emprunter, quand il ne possédait pas les fonds nécessaires, en donnant à son bailleur un *privilége de second ordre*, qui, à moins de malversations, faisait un placement de tout repos pour le capitaliste. D'après un article proposé par la loi de réglement de l'exercice 1840, ce privilége de deuxième ordre serait supprimé; le bailleur n'aurait plus cette sorte d'hypothèque, et dans les revers que pourrait subir son débiteur, il subirait le sort des autres créanciers — Pourquoi? — Cette disposition ne peut être dirigée contre les officiers publics peu *inquiétés* jusqu'à présent, et dont le cautionnement forme une infiniment faible portion des fonds que nécessite l'exercice de quelques charges. Elle ne peut non plus être dirigée contre les comptables, très probes en général, et dont les cautionnements suffisent (sauf de rares exceptions) à couvrir des déficits que la surveillance et la tenue de la comptabilité laisse fort rarement s'élever à une forte somme relative. La raison de cette sévérité ne serait-elle pas le vouloir de rendre de plus en plus difficile l'entrée de la carrière des emplois et fonctions publiques, en rendant plus difficile à trouver l'argent des cautionnements.

INTÉRÊTS

DE LA DETTE FLOTTANTE.

Pour se rendre compte d'opérations qui se lient au recouvrement des impôts et au paiement des dépenses de l'état, ou se rattachent à l'administration d'institutions et établissements publics, ainsi qu'à des services d'intérêt général, il serait bien de se représenter *le Trésor* comme le centre d'une vaste maison de banque qui a des ressources et des charges énormes ; qui, au loin, de même qu'au siége de l'établissement principal, a des agents chargés d'effectuer les recettes et les dépenses, de les contrôler et de maintenir leur ponctualité et leur équilibre ; qui souscrit des engagements à terme et à d'autres conditions, ouvre des comptes courants avec ou sans intérêts, paye les traites de ses correspondants et de certains agents, et en fournit à son tour sur ces derniers pour ses besoins ou ceux du public.

Les crises financières ou politiques, qui sont souvent la conséquence l'une de l'autre, pèsent donc sur le

Trésor comme sur un établissement privé, et il arrive que le recouvrement difficile des impôts, ou la diminution des produits indirects, ou des dépenses extraordinaires considérables, n'amènent dans les caisses que des recettes inférieures aux dépenses. On use alors de la ressource des emprunts temporaires, si les circonstances ne sont pas favorables à une négociation de rentes perpétuelles : on bat monnaie avec des bons du Trésor (dont l'importance et l'émission sont chaque année fixées par la loi de finances) qui sont négociés à la Banque de France, ou aux particuliers dont on appelle les capitaux par une élévation d'intérêts. Ces fonds, augmentés de ceux que les comptes des correspondants laissent toujours disponibles, forment ce que l'on appelle la dette flottante, et cette dette, instable et exigible à certains égards, mais formée d'éléments que l'on vivifie ou qui renaissent d'eux-mêmes, cette dette temporaire, flottante enfin, comble les vides occasionnés par le déficit ou le retard des recouvrements. Les choses n'ont point été ainsi pendant ces dernières années, et loin d'être obéré, le Trésor a eu à sa disposition une masse de capitaux qui lui étaient à charge, car ils lui coûtaient des intérêts et lui étaient improductifs. — Aujourd'hui encore, malgré l'énormité des charges qui ont dû être dévoilées officiellement, le Trésor paraît supporter avec facilité une dette flottante de 400 à 500 millions [1], qui tend

[1] Pour obtenir le chiffre réel de la dette flottante dans les comptes officiels de finances, il faut déduire du bilan les fonds disponibles sur

à s'élever (y compris des déficits et découverts anciens de 258 millions).

Lorsque les finances sont florissantes, aucun inconvénient ne ressort des avances et des découverts du Trésor. Il en serait autrement, si des accidents d'une nature contraire venaient à éclater. Ces découverts pèseraient alors de leur poids énorme ; car le cours des fonds publics baissant aux époques de crise, *il faudrait* payer la Caisse d'amortissement en numéraire et rembourser ses bons, au lieu d'en faire ressource ; le va-et-vient des autres bons royaux se trouverait arrêté dans son mécanisme ; les revenus indirects diminueraient certainement en même temps que les dépenses augmenteraient. La situation serait véritablement inquiétante : les emprunts en rentes perpétuelles seraient d'une très onéreuse difficulté, et les ministres qui n'auraient pas eu recours à cette dernière nature de ressources en temps opportun, parce que la dette temporaire ne les étouffait point, et qui auraient en même temps basé leur système en recettes et en dépenses extraordinaires sur la dette flottante et sur les réserves de la Caisse d'amortissement, c'est-à-dire sur une immobilité complète, financière et politique, encourraient une très grave responsabilité.

Une surabondance de fonds est par le fait désavantageuse au Trésor, quoiqu'elle indique une situation

les budgets et le montant des bons délivrés à la Caisse d'amortissement, lesquels bons sont destinés à être convertis en rentes et à disparaître du passif du Trésor.

financière généralement et matériellement prospère : ce colossal banquier n'a pas, comme un établissement privé, les moyens d'utiliser ses capitaux ; il ne peut les employer à des opérations qui seraient aventureuses, si l'on voulait qu'elles fussent productives; et, d'un autre côté, dans les moments difficiles, il subit le sort de ceux qui ont besoin d'argent. Ne pouvant donc altérer, selon ses convenances d'un moment, la nature d'opérations, que des lois d'ailleurs ont déterminées, ni arrêter ses rapports avec les établissements publics, ni leur fermer ses caisses, non plus qu'à ses autres correspondants ; il a, dans tous les cas possibles, à supporter les intérêts que fait ressortir le réglement de comptes courants, toujours ses créanciers ; ceux dus aux receveurs généraux pour les avances qu'ils font nécessairement dans certains cas, et ceux qu'entraîne l'émission des bons royaux [1].

Le Trésor, transformé en banquier, résume donc les

[1] Les bons du Trésor, donnés à la Caisse d'amortissement pour la portion afférente aux rentes dont le cours est au dessus du pair, supportent un intérêt de 3 0/0, ainsi que ceux qui sont remis à la Caisse des dépôts et consignations : les intérêts attachés aux bons demandés par les capitalistes n'étaient, en 1840, que de 2 0/0. Ces bons ne s'élevaient, terme moyen, qu'à 40 millions ; mais ils sont de plus de 120 millions, aujourd'hui que les besoins du Trésor ont fait porter les intérêts à 4 0/0, 3 1/2 et 3 0/0. C'est à ce dernier taux qu'ils sont aujourd'hui négociés ; mais il en reste encore une portion considérable à rembourser au taux de 4 et 3 1/2 0/0. Lorsque la Banque de France fait des avances au Trésor sur dépôt de bons royaux, son compte est bonifié de 4 0/0, sans réciprocité à l'égard des sommes versées par le Trésor pour sa libération.

opérations générales des comptables des finances ; il prévient, dirige, répare ou utilise les conséquences de ces opérations. *Débité des recettes*, il est *crédité des paiements* qu'il fait, et crédité aussi des fonds avec lesquels il a couvert les déficits éprouvés, et payé certaines dépenses spéciales laissées par exception en dehors des budgets, ou pour lesquelles des ressources distinctes n'ont pas été votées ou réalisées.

Pour compléter ces indications bien abrégées des *opérations de trésorerie*, il faut ajouter que si les recettes de l'état l'emportent quelquefois sur les dépenses, toutes deux prises en masse, ces dernières sont dans plusieurs départements constamment au dessous du produit des impôts. Quelquefois aussi des circonstances imprévues amènent sur certains points de la France des besoins de numéraire qu'il faut y envoyer, lorsque les fonds généraux ou particuliers des agents locaux ne peuvent suffire. Ces frais de transport extraordinaires sont, comme ceux des mouvements de fonds habituels entre les comptables, classés dans les services du ministère des finances proprement dit.

L'ardent amour de l'administration des finances pour les améliorations et le contrôle a déjà produit beaucoup; cependant elle s'élance quelquefois au delà de l'utile, ou s'endort à côté, ou se rebute en deçà, tandis qu'elle pourrait imposer en famille, pour ainsi dire, ou au moins provoquer de bonnes et fructueuses réformes, encore. — Il est vrai que les réformes et demandes dont il va être question ont de robustes adversaires.

Les frais de trésorerie sont trop coûteux.

Il faut sans doute que les receveurs généraux, qui ne peuvent être classés parmi les oisifs, bien que le plus grand nombre ne travaille que par procuration, et qui placent quelquefois plusieurs millions au service de l'état et de sa fortune, retirent de leur argent un peu plus que l'intérêt ordinairement accordé aux capitaux paresseux. Mais cet intérêt est démesurément trop élevé : en mettant à part, dans un moment d'indulgence, ce qui concerne trente de nos départements *pauvres*, et sans parler du traitement fixe des receveurs des finances (qui est de 6,000 francs pour les receveurs généraux, et de 2,400 francs pour les receveurs particuliers, et qui constitue, au dire des hommes de la vieille roche, la qualité d'agents dépendant du Trésor et celle de fonctionnaires publics), une juste économie devrait d'abord être faite : ce serait la suppression, pour tous les départements, des remises sur les versements des comptables (qui ont déjà fait leur prélèvement) des revenus indirects et divers. Puis, une réduction qui ne serait que justice encore, et serait beaucoup plus importante, devrait être opérée dans les infinies bonifications et taxations sur contributions directes et dans les commissions de diverses natures. Ces commissions et bonifications sont si élevées pour trente de nos plus riches départements, que des hommes entourés d'une certaine considération les ont appelées un gaspillage de la fortune publique. Ajoutant que des banquiers, des compagnies, se chargeraient gratuitement, pour presque tous les départements, du service dirigé par les receveurs généraux, en soumettant d'ailleurs les nouveaux agents aux cautionnements, aux garanties, aux conditions de service et de surveillance actuellement imposés. Enfin, que les receveurs actuels seraient facilement et économiquement *remplacés par des capitaux* qu'attireraient l'avantage d'avoir, en sommes quelquefois aussi considérables que les garanties données, le maniement des millions du budget et des localités, millions ne payant quelquefois aucun intérêt pendant quelque temps[1] ; de n'avoir point à supporter le soin ni la responsabilité du paiement des dépenses publiques, puisqu'il y a des payeurs[2] chargés de ce service ; de n'être encore sous le coup d'aucune responsabilité

[1] Pour les versements des receveurs des revenus et impôts indirects, qui forment la portion la plus considérable du budget, les receveurs supportent l'intérêt du jour où ils en sont débités, c'est-à-dire du jour du versement à eux fait.

[2] On a longtemps demandé la suppression des payeurs, et cette mesure, prise isolément surtout, n'offrirait que de faibles avantages sous le rapport de l'économie, pour nuire au bien du service général et au contrôle indirect que les opérations de ces agents exercent sur celles des receveurs généraux. Si les payeurs étaient supprimés, ce ne pourrait être que pour charger les receveurs généraux de leurs attributions, et une indemnité leur serait sans doute allouée pour l'agrandissement de leur responsabilité, c'est-à-dire pour la surveillance du légitime et légal ordonnancement des dépenses publiques ; mais cette confusion dans les fonctions de receveur et de payeur exigerait une surveillance qui, dans l'intérêt du Trésor, devrait être fort sévère et de tous les instants : elle nécessiterait la présence incessante d'un agent de l'administration, d'un contrôleur qui devrait être largement rétribué, pour n'être point dans une position démesurément trop inférieure à celle de son tributaire... Où serait l'économie ?

pour le recouvrement des impôts indirects; de n'avoir à essuyer, relativement aux contributions directes, d'autre inquiétude que celle du plus ou du moins de bonifications[1], selon la date des recouvrements (car les comptables inférieurs, qui ont eux-mêmes des cautionnements, sont surveillés par leurs supérieurs immédiats; et si à une certaine époque ces derniers sont débités, en compte courant, par le Trésor, du montant des recouvrements en retard qui ne sont point tombés en non-valeurs officielles, la charge en est supportée, en définitive, par les percepteurs; les receveurs en font seulement l'avance). A tous ces bénéfices des receveurs généraux se joint celui d'avoir sur tous les points principaux de la France, et chaque receveur dans les localités les plus reculées[2] du dépar-

[1] *Les receveurs* des finances jouissent de bonifications, c'est-à-dire d'un intérêt de 4 0/0 en compte courant, sur le montant des sommes recouvrées *par les percepteurs* avant une certaine époque, fixée pour chaque département et établie d'après le plus ou moins de facilité qu'éprouve dans le département la rentrée des impôts: ainsi les contributions directes, commençant, dans un département classé comme riche, à être exigibles au mois de mars, *les receveurs* sont bonifiés pour tout ce qui est reçu en janvier et février *par les percepteurs*; il en est de même pour tous les douzièmes, dont le premier, celui de janvier, n'est porté au débit de quelques receveurs généraux qu'en mai et juin, selon la classification indiquée.

[2] Les effets de commerce et autres que les receveurs généraux se sont chargés de recouvrer pour le compte de divers sont envoyés par eux à leurs collègues des départements où ces effets sont payables, et si le lieu de paiement est un village, ils sont expédiés à un percepteur, qui les reçoit et les recouvre sans frais : sans frais pour le receveur général, car il n'y a de percepteur qu'au chef-lieu de la

tement qu'il administre, des correspondants gratuits, assurés, *de tout repos*, comme on dit dans le commerce, et d'être payés pour ces opérations de banque par le Trésor souvent [1], par les particuliers toujours.

Des réformes économiques pourraient donc être appliquées au service de trésorerie, difficilement cependant, car les intérêts des receveurs généraux sont quelquefois liés, par voie directe ou indirecte, à ceux de hauts et puissants personnages, et ces lucratifs emplois sont trop souvent des compromis ou des récompenses politiques : mais la suppression des receveurs généraux dépasserait le but et présenterait des inconvénients et des dangers. C'est quelquefois, il est vrai, à coups de hache qu'il faut frapper sur des abus,

perception, et le recouvrement occasionne quelquefois des déplacements ou l'envoi d'un commissionnaire dont il n'est tenu compte au petit comptable.

[1] Cette dernière nature de frais supportés par le Trésor et ceux causés par les divers mouvements ou envois de fonds extraordinaires d'un département à un autre pourraient donner naissance à des abus; car il y a abus, lorsqu'il y a faveur pour quelques privilégiés. Une volonté irresponsable et discrétionnaire donne, sans contrôle, les ordres nécessaires pour les envois de fonds, là où les besoins du Trésor le demandent, et *de là* où il plaît à cette volonté de les faire expédier, en numéraire ou en papier; puis elle fixe, également arbitrairement, le montant de la récompense ou commission à allouer au receveur général. Il dépend ainsi du chef de ce service de favoriser démesurément les intérêts de quelques receveurs généraux. Ce pouvoir est excessif; car il pourrait arriver qu'il fût partial et passionné, tout en croyant respecter les lois de l'intégrité, qui sont si infinies, et dont l'observation doit être et est du reste effectivement la qualité première des agents du Trésor.

sur des résistances trop vivaces; cependant il ne faut pas que la réforme emploie mal à propos cette bonne arme.

Les receveurs généraux font ce que 99 personnes et demie sur 100 feraient à leur place, une fois parvenus à cette haute position. — Il n'est point question des moyens employés pour y parvenir. — Ils en usent pour faire rapidement fortune. Mais cette fortune est légalement acquise; il faut même dire que, sauf de très rares exceptions, dont il a été bientôt fait justice et dont cette classe de citoyens n'est pas plus exempte que toute autre, ils ne s'écartent pas des règles les plus sévères de la morale et de l'honnêteté. Ce sujet est peut-être traité ici avec trop d'étendue : mais l'on ne saurait trop répéter qu'il y aurait danger pour la chose publique à livrer la fortune de l'état à des compagnies. L'homme, dans toutes les conditions de la vie et pris isolément, est plutôt bon et probe que méchant et improbe. S'il n'est point honnête par tempérament, par éducation, par raison, il le devient, surtout quand il occupe une haute position, par nécessité, par *désintérêt*, par la crainte d'une vindicte morale et effective. Tandis que les hommes réunis en société, en aggrégation, craignent bien moins d'être vitupérés et maudits et punis : chacun d'eux n'ayant dans la vindicte qu'une part qui déjà serait faible, si elle conservait ses proportions mathématiques[1]. Les compagnies deviendraient peut-être

[1] Il est de cette vindicte comme d'une balle de fusil, qui porte moins juste, moins loin, moins profondément, si elle est coupée en

ce que jadis étaient *les traitants* : elles pressureraient, saigneraient, égorgeraient le peuple contribuable sans pitié ; l'intérêt de ce pauvre peuple et celui de l'état ne viendraient qu'après le leur. Il en serait de même des banquiers, qui arriveraient d'ailleurs tout armés et cuirassés contre les clameurs de leurs concitoyens. — Il ne faut pas oublier non plus que la mission des receveurs généraux n'est point bornée au soin des intérêts du Trésor et de ceux de plusieurs établissements et institutions ; ils sont encore, dans beaucoup de localités, dépositaires uniques ou principaux d'intérêts particuliers considérables ; et ils offrent, en définitive, plus de garanties de toute sorte que des compagnies ou des banquiers d'allures fort aventureuses pour ne pas dire de loyauté fort aventurée.

Voici le bilan de l'administration des finances. On remarquera que le budget de l'exercice 1840 n'y figure que pour mémoire. Au premier janvier 1842 (époque de l'année qui a dû être choisie parce qu'elle fait mieux ressortir le jeu de quelques comptes) cet exercice 1840 présentait un excédant de dépense d'environ 140 millions ; mais on ne pouvait pas signaler dans cette situation un budget auquel d'im-

quatre. Cette vérité a sa contre-partie : un relevé curieux serait celui qui donnerait les noms, par exemple, des députés qui, membres d'une opposition plus ou moins sévère *à l'endroit* de la probité politique et privée, sont journellement inscrits sur le grand livre des sollicitations et exigences, tenu dans quelques ministères, ou sont intéressés dans des marchés, dans des fournitures, dans des compagnies plus ou moins favorisées et plus ou moins anonymes. (Voir à ce sujet un discours de M. Dupin, page 5.)

menses ressources extraordinaires (déjà réalisées en partie) ont été appliquées. D'un autre côté, on ne pouvait non plus faire ressortir le déficit du budget de 1841, puisque la dette flottante n'avait pas encore à en supporter la charge. Les résultats si différents d'une situation provisoire, comparée à un réglement définitif, proviennent de ce que les recettes d'un exercice (qui a, comme on l'a vu, une existence de deux ans) rentrent au Trésor en presque totalité pendant le cours de la première année, tandis qu'une portion considérable des dépenses n'est payée que pendant la deuxième seulement.

Toutes les sommes ont été arrondies, et les chiffres employés présentent des soldes et presque toujours des termes moyens. (On entend par solde d'un compte la différence qui ressort de la comparaison des recettes avec les dépenses.) Toutefois, il faut remarquer que le solde en caisse du caissier pourra se réduire par suite des besoins du Trésor; lequel, au lieu d'avoir des fonds à la Banque [1], devra en emprunter peut-

[1] Voici sur la Banque un article de M. Blanqui aîné qui porte la date de 1837 dans le *Courrier français*, mais qui longtemps encore semblera écrit pour l'époque où on le lira.

« Personne ne peut nier que les moyens de crédit ne soient aujourd'hui inférieurs en France aux besoins constamment progressifs de la production nationale. L'intelligence et les bras ne manquent point; les capitaux seuls manquent pour leur donner de la vie et de l'activité : partout où s'établissent des banques locales, leurs actions sont recherchées, leurs services nombreux, leurs profits respectables..... La Banque de Lyon a abaissé à 3 0/0 le taux de ses escomptes,

être prochainement. La situation des bons royaux se modifiera aussi : ceux qui seront remis en 1842 à la Caisse d'amortissement pour les rentes 5, 4 1/2 et 4 p. 0/0 pourront s'élever à 67 ou 68 millions, qui figureront au passif de la dette flottante jusqu'à leur conversion en rentes, c'est-à-dire qui figureront comme ressource momentanée, jusqu'à ce que cette conversion ait lieu. Il n'est peut-être pas inutile d'expliquer ici comment et pourquoi une portion des arrérages des rentes et de la dotation de l'amortissement est

qui demeure toujours fixé à 4 à la Banque de France... L'empressement des capitaux à se porter partout où ils trouvent des éléments de profits et de sécurité est un fait digne de remarque, en présence de la détresse monétaire qui afflige la plupart de nos industries.

« Cette singulière anomalie de la disette au sein de l'abondance ne viendrait-elle pas de l'organisation incomplète de notre système de crédit? Nous n'avons, en réalité, que deux grands agents de circulation, la Banque de France, qui serait mieux dénommée la *Banque de Paris*, et la collection des maisons de banques particulières, toutes plus ou moins dépendantes de cette grande institution. Mais la Banque de France est liée par des statuts au moins aussi méticuleux que la prudence de son gouvernement ; et l'on a dit d'elle avec raison : que c'est une compagnie d'assurance ayant pour objet d'assurer ce qui ne risque rien. Elle n'escompte d'effets qu'à 3 signatures, sur Paris et à 90 jours, et son encaisse est souvent aussi considérable que ses billets en émission. Elle se borne donc à retirer les écus de la circulation pour y substituer son papier, sans doute plus commode, mais borné cependant à des coupures de 500 et de 1,000 francs, monnaie de grand seigneur et non de commerçant.

« Le commerce vraiment populaire est donc réduit à s'adresser aux banquiers accrédités près la Banque de France, qui escomptent à 6 0/0 et même à 8, grâce au mot magique de commission, des effets qu'ils placent immédiatement à la Banque moyennant l'escompte de 4. Quel est le commerce en état de résister longtemps à l'action dévo-

comprise *dans le budget des recettes comme ressources extraordinaires*, et en même temps *dans* celui *des dépenses* : on porte à ce dernier budget *comme paiement réel chaque paiement fait successivement en bons* pour les rentes au dessus du pair ; et ce budget des dépenses se trouve ainsi libéré de l'importance de chaque bon : le caissier du Trésor devient alors le débiteur de la Caisse d'amortissement, et lorsque les bons sont annulés et convertis en rentes, leur montant disparaît de la dette flottante pour former un chapitre du budget des recettes.

rante d'un crédit qui absorbe tous les bénéfices ? et quel service réel peut rendre la Banque de France, si ce n'est au Trésor public, dont elle escompte les bons royaux, garantis par le budget de l'état. »

Il faut ajouter que c'est seulement depuis l'établissement de la nouvelle maison de M. Laffitte que la Banque a étendu ses escomptes à tous les jours de la semaine, qu'elle en paye le montant le jour même de l'escompte, et qu'elle a *consenti* à quelques améliorations de détail.

Que de choses seraient à dire sur l'esprit de cet établissement qui, resserrant ses escomptes au moindre pressentiment d'un embarras, fait naître cet embarras même, ou le convertit en une crise pour quelques commerçants. Son but semble être seulement d'offrir à quelques capitaux un dividende avantageux et certain. Il est juste de faire observer cependant que ce n'est pas *le gouvernement* de la Banque qu'il convient de prendre à partie. Ce sont les statuts, les traditions de cet établissement, et les exigences des actionnaires qu'il faut attaquer sans relâche.

En échange des magnifiques avantages accordés à la Banque *de France*, ne devrait-on pas lui imposer au moins la charge de satisfaire à certains services publics : de pourvoir, par exemple, et pour elle à moins de frais que pour le Trésor, au soin des divers envois et mouvements de fonds.

Actif. **BILAN DU**

NUMÉRAIRE EN CAISSE CHEZ LES COMPTABLES DES FINANCES,

Représentant le solde de leurs opérations à la fin du mois, ou formant une réserve nécessaire aux besoins du Trésor. — Valeurs de portefeuille expédiées pour le service de trésorerie, ou reçues en paiement ou en garantie de certains droits de douanes et de contributions indirectes, et pour prix, en principal, d'adjudications de coupe de bois de l'état (les frais accessoires d'adjudication sont versés en espèces et immédiatement chez les receveurs des domaines).

Caissier du Trésor : y compris 100 millions déposés à la Banque, qui ne paye jamais d'intérêts et rembourse sur des mandats à vue. Ce compte courant, ouvert au Trésor au même titre qu'à divers établissements et particuliers, est indépendant de celui auquel l'on n'a pas eu à recourir depuis plusieurs années, et qui résulte d'un traité en vertu duquel la Banque s'est engagée à faire des avances à l'état, sur remise de bons royaux. Ci. 140,000,000

Payeurs du Trésor (service ordinaire et caisse de réserve à Toulon). Receveurs de l'enregistrement, des douanes et des contributions indirectes; directeurs des postes et des monnaies; trésorier et autres comptables en Algérie. . . . 26,000,000 } 166,000,00

Receveurs généraux; leur solde en caisse et en portefeuille, qui n'est point à la disposition du Trésor, représente les sommes qu'ils doivent à leurs correspondants officiels et celles qui leur appartiennent à titre de fonds particuliers. . . . . 35,000,0(

Fonds en route; valeurs expédiées par des comptables à d'autres comptables et non parvenues à leur destination. 20,000,0

Matières d'or et d'argent versées chez les directeurs des monnaies, non encore converties en espèces, et sommes restant à rembourser par ces comptables aux propriétaires de ces matières porteurs de leurs bons. (L'ensemble de cet article forme la compensation intégrale de deux comptes qui y correspondent, au passif.). 2,200,9

Avances que certains comptables font *avec les fonds du Trésor* pour frais judiciaires, de saisies, etc.; pour paiement d'appointements et de pensions, et pour d'autres dépenses qui sont ultérieurement remboursées ou portées dans les budgets aux chapitres qu'elles concernent. 3,000,0

Diverses créances actives de l'état, et débets poursuivis par l'agent judiciaire du Trésor. 4,500,0

AVANCES, DÉFICITS ET DÉCOUVERTS DU TRÉSOR.

Dépenses faites par anticipation, en 1841 sur 1842, c'est-à-dire sur un exercice non encore ouvert et dont le Trésor a fait l'avance temporaire pour assurer quelques services de la guerre, de la marine et des colonies. 10,000,0

A reporter. 240,700,0

'RÉSOR PUBLIC. Passif.

EFFETS A PAYER ÉMIS POUR LE SERVICE DU TRÉSOR, DE SES CORRESPONDANTS ET DU PUBLIC.

ons du Trésor remis à la Caisse d'amortissement en paiement des dotations et arrérages des rentes au dessus du pair. Ceux émis pendant le 2e semestre de 1841 ont été consolidés en 1842 ; ils sont compris (pour la rente donnée en échange) parmi les ressources de la Caisse d'amortissement et ne doivent alors figurer ici que pour		mémoire
l. remis à divers contre espèces. — Ils sont actuellement remis à 3 0/0, mais il reste encore à rembourser une grande partie de ceux que les besoins du Trésor ont précédemment fait négocier à 3 1/2 et 4 0/0, ensemble.		120,000,00(
raites du caissier du Trésor sur lui-même pour certains paiements spéciaux, et sur les receveurs généraux ; de ceux-ci et d'autres correspondants sur le Trésor ; des receveurs généraux sur leurs collègues ; du trésorier en Algérie sur les receveurs généraux et sur ses préposés, et des préposés de ce comptable sur lui.	24,000,000	25,260,00(
landats des directeurs des postes sur leurs collègues pour le paiement à vue de l'argent que le public verserait en plus grande quantité, si, pour l'avantage de tous, l'administration réduisait son énorme commission de 5 0/0. Le caissier du Trésor et les receveurs généraux ne retiennent pour cette sorte de banque que l'intérêt représenté par un retard d'échéance.	1,260,000	

CORRESPONDANTS ET CRÉANCES PASSIVES.

CORRESPONDANTS DU TRÉSOR ET DES COMPTABLES.

avec intér.	Communes et établissements publics de Paris et des départements, 120 millions. Caisse des dépôts et consignations, divers comptes ; Caisse des invalides de la marine ; tontines d'épargnes, caisses de secours, etc.	162,000,000	
sans intérêts.	Imprimerie royale ; fonds déposés par des corps de la guerre et de la marine ; divers ministères L/C de ressources affectées à des dépenses spéciales et locales ; fonds coloniaux ; établissements coloniaux ; service des estafettes, des ministères, etc.	15,000,000	
	Comptes de divers établissements, communes, comptables et particuliers chez les receveurs des revenus indirects, pour opérations et dépôts volontaires ou forcés, pour versements en garantie de droit du fisc et divers services.	6,000,000	220,000,00(
	Matières versées chez les directeurs des monnaies pour être converties en espèces.	2,000,000	
	Correspondants spéciaux et officiels des receveurs généraux. — Receveurs particuliers et percepteurs ; communes, établissements publics et adjudicataires L/C de produits extraordinaires de coupes de bois ; mandats sur des comptables ; vente et achats de rentes sur l'état, etc. 10,000,000		
	Fonds particuliers des receveurs généraux qui en conservent la libre disposition. . . . 25,000,000	35,000,000	

A reporter. . . . . . , 365,260,00(

Actif. BILAN DU

Report.	240,700,00
Réductions et décharges accordées à quelques redevables des contributions directes reconnus avoir été trop fortement imposés, et réimputées sur l'exercice suivant, par une écriture anticipée, au titre des restitutions sur contributions directes. (Réductions admises en 1841 et réimputées sur 1842.).	600,00
	241,300,00
Avance du Trésor jusqu'à la réalisation définitive des ressources extraordinaires appliquées au déficit (de 138 millions) du budget de 1840 et aux dépenses des travaux publics extraordinaires de l'exercice 1841.	mémoire.
Divers paiements et déficits anciens, laissés législativement et indéfiniment à la charge de la dette flottante, c'est-à-dire du Trésor; aucunes ressources n'ayant été affectées à ces dépenses dans les budgets. (Voir, ci-après, l'origine de ces avances et déficits. Pages 97 et suivantes.).	258,700,0
	500,000,(

TRÉSOR PUBLIC. Passif.

Report.		365,260,000
Fonds avancés par les receveurs généraux pour le service public, de leurs deniers ou de ceux de leurs correspondants particuliers.	36,000,000	36,240,000
Fonds avancés par les directeurs des monnaies.	200,000	
Idem par les autres comptables lorsqu'ils ont à effectuer un paiement plus considérable que n'est leur encaisse. . .	40,000	
		401,500,000

FONDS DISPONIBLES SUR DIVERS SERVICES ET DONT LE TRÉSOR EST DÉBITEUR, DE MÊME QU'A L'ACTIF DU BILAN FIGURENT LES AVANCES QU'IL A FAITES ET DONT IL EST CRÉANCIER.

Excédant des recettes sur les dépenses du budget de 1841, qui se soldera par un déficit de 100 millions, mais sur lequel il a été pendant la première année de l'exercice (ainsi que cela est toujours) plus reçu que payé. Les bons remis en paiement à la Caisse d'amortissement pour les rentes au dessus du pair; les bons du Trésor négociés à divers; les excédants momentanés de recettes sur l'exercice 1842 (qui se soldera lui-même par un déficit de 130 millions peut-être), et quelques autres opérations de trésorerie, couvriront le Trésor des paiements qu'il devra faire en 1842, sur 1841, jusqu'à la réalisation des ressources extraordinaires à appliquer au déficit de ce dernier exercice. Ci.	80,000,000	98,500,000
Excédant des cautionnements reçus de nouveaux fonctionnaires sur ceux remboursés à des titulaires hors de fonctions, et cautionnements de diverses natures classés dans ce fonds flottant et variable.	17,000,000	
Fonds libres sur les services locaux de l'Algérie.	1,500,000	
		500,000,000

Le bilan du Trésor ne présente qu'une situation *de comptabilité*, et il est sans doute à propos d'établir ici un aperçu des ressources et des besoins du Trésor, c'est-à-dire une *situation financière* complète. Cet aperçu est dressé sur des documents publics, et tout le monde peut en vérifier, en contrôler l'exactitude. — Tout le monde, c'est-à-dire tous ceux qui possèdent ces documents. Mais le nombre en est assez considérable, et il est vraiment étrange que dans un pays où rien de ce qui touche aux finances de l'état n'est tenu dans le secret, rien sans aucune exception, l'esprit de parti, obséquieux ou hostile, ou intéressé dans la question, soit parvenu à dénaturer la vérité, quelquefois avec succès, et à obscurcir ce qui est éclatant de lumière.

D'après le bilan, le Trésor est débiteur de divers, pour les bons royaux et autres effets en émission et par ses comptes courants, d'une somme de.	401 millions.
Il a encaissé en outre pour les excédants des recettes sur les dépenses des budgets courants, pour le fonds flottant des cautionnements, etc. (compensation faite d'avances de même nature, faites par lui).	88
Ensemble.	489
Mais, d'un autre côté, il possède pour les encaisse des comptables, et pour diverses créances et avances, une somme qui n'est point disponible à la vérité, mais qui vient cependant en déduction des dettes, ci.	231
Reste une somme de 258 millions de déficit, qui forme le montant des insuffisances de recettes des budgets de 1814 à 1833 et les avances au gouvernement de la Grèce (voir plus loin, page 97), ci.	258
A reporter.	258 millions.

Report.		258 millions.
Divers documents publiés ou lus à la chambre par le ministre indiquent les déficits probables suivants pour le service ordinaire des budgets :		
Le budget de 1840 (selon la loi de réglement proposée). . .	138 millions.	
Celui de 1841.	100	395
Celui de 1842.	130	
Celui de 1843.	27	
Il a été accordé au ministère des travaux publics, de 1837 à 1841, pour divers travaux extraordinaires à exécuter par les *ponts et chaussées*, une somme de.	426 millions.	
Sur laquelle il a été employé ou alloué jusqu'en 1841. . .	241	
Et il restait à affecter aux exercices 1842 et suivants. . .	185	
Il a été accordé en 1841 au même ministère, pour les mêmes exercices.	40	
Total pour les ponts et chaussées.	225	
Le ministère de la guerre est doté pour les fortifications de Paris[1] et autres places, et pour diverses constructions de bâtiments, de.	225	
Et le ministère de la marine pour travaux divers (à Cherbourg 44 millions) de. . .	51	
Ensemble. . .	501	
De nouveaux besoins connus font augmenter cette somme d'au moins..	24 ci .	525
A reporter.		1,178 millions.

[1] Les fortifications de Paris ne figurent dans cette somme que pour 92 millions; mais il avait déjà été alloué 48 millions sur les exercices 1840 et 1841 ; ce qui élève l'évaluation primitive de cette dépense à 140 millions.

Report.		1,178 millions.
Le ministre des travaux publics a évalué la part de l'état dans la construction des chemins de fer à.		400
Il reste à amortir sur les emprunts contractés en 1821 et 1822 pour divers canaux, c'est-à-dire à racheter, à peu près.	110 millions.	136
Et le rachat des actions de jouissance a été évalué, dans les discussions des bureaux des chambres, à un chiffre assez contestable, de. . .	26	
	Total. .	1,714 millions.
Pour faire face à cette somme de déficits et de besoins, qui comprend les dépenses des travaux publics à exécuter jusqu'en 1848 et celles des chemins de fer pour une somme et une époque fort incertaines, le Trésor aura à réaliser l'emprunt en rentes autorisé pour 450 millions et déjà adjugé pour 150, ci. . .	450	
Et l'administration a l'espérance, exprimée par le ministre des travaux publics (dans son exposé des motifs du projet de loi sur les chemins de fer), que les réserves de la Caisse d'amortissement pour les rentes 5, 4 1/2 et 4 0/0 (qui devront se maintenir au dessus du pair (Voir au chapitre de l'amortissement, page 57) s'élèveront, progressivement par suite des accumulations, de leur somme actuelle de 67 millions à 100 millions, et produiront, dans une période de 10 années, une ressource de.	829	
		1,279
La dette flottante supportera la différence de. .		435 millions.

L'augmentation du produit des impôts ne figure pas ici ; car il n'est pas à espérer qu'elle fasse plus que compenser celle qui surviendra pour les dépenses, probablement aussi. Il n'est point non plus fait mention, dans les déficits et misères du Trésor, du fonds des cautionnements dont il paye la rente aux titulaires; ni de divers prêts autorisés en faveur de quelques compagnies de chemins de fer et non encore effectués pour leur totalité; ni des versements des caisses d'épargne, puisque la Caisse des dépôts en a l'équivalent en rentes.

Au premier aspect, cette situation ne présente pas d'inquiétude. Les ressources et les besoins paraissent se balancer au moyen d'un déficit de 455 millions, qui même comprend l'ancien déficit de 258 millions sur les budgets antérieurs à 1855; et le ministère paraissait envisager cette situation avec confiance, lorsqu'il disait, dans son exposé des motifs du projet de loi sur les chemins de fer : « Ainsi, sans aucune dotation « nouvelle, l'ensemble des charges extraordinaires, « dont nous avons fixé le chiffre à 1,200 millions (les « déficits des budgets, des travaux publics extraordinaires et les chemins de fer), se trouverait garanti « par un gage *surabondant.* »

Mais la dette flottante va être et est déjà énormément chargée : l'emprunt n'est réalisé que pour une faible portion, et il faut donner le temps aux capitaux de se renouveler ; enfin, les réserves de la Caisse d'amortissement ne sont point une ressource certaine, car puisque l'on proclame sa religieuse inviolabilité, son principe, son droit, puisqu'on en fait la base du crédit public, c'est qu'on a la volonté de lui payer religieusement son revenu, si son droit venait à s'ouvrir.

Mais, ainsi qu'il a été dit déjà au chapitre de l'amortissement, puisqu'on engage ce revenu pour 10 ans, puisqu'on en fait la force principale d'un système de ressources, c'est qu'on sait que son droit ne s'ouvrira pas, et alors c'est qu'on veut engager, neutraliser la volonté et les forces de la France pour 10 ans, c'est-à-dire indéfiniment, — sous peine pour elle de tomber dans la banqueroute, expédient révoltant pour la conscience publique.

Que si cette usurpation de la souveraineté nationale n'existe vraiment pas comme projet, il ne faut pas que s'exécute cette castration de nos forces à venir : il faut modifier des combinaisons qui ne reposent que sur le crédit et l'espérance. Il faut prévoir les calamités financières qui surgiraient d'une crise à l'intérieur, d'un danger au dehors. — Deux cents millions de bons royaux, peut-être, à échéance fixe et exigibles : les caisses d'épargne réclamant leurs trois cents millions par six cent mille bouches populaires[1] :

[1] Un engouement, *une philanthropie*, des encouragements déplorables font suivre aux versements des caisses d'épargne une marche progressive qui deviendra un jour une cause extrême d'embarras, sinon un péril. Il est à craindre que cette dette et d'autres opérations financières ne donnent le droit aux administrateurs futurs de se plaindre qu'on n'ait point suivi cette sage maxime du ministre des finances, proposant le budget de 1843 : « La justice et la raison seraient

l'amortissement devenant une charge à peu près impossible à satisfaire, ou une aggravation du mal, si on le supprime au milieu de la perturbation : les revenus diminués et les dépenses augmentées.....

Les dépenses que l'on fait, que l'on va faire, seront productives sans doute : mais il est à craindre que nous épuisions nos forces avant qu'elles aient pu se renouveler, et qu'elles soient paralysées en un moment de danger.

Articles qui composent les anciens découverts du Trésor.

Article	Montant	Total
Déficit sur le service antérieur au 1er avril 1814.	67,304,366 56	
Portions de débets et créances provenant du même service. . . .	567,228 12	
Cautionnements rendus à des titulaires des départements séparés de la France, en outre de 33 millions remboursés avec le produit de négociation de rentes. . . .	6,395,204 84	87,431,104 62
Régularisation des paiements d'arrérages de rentes viagères et de pensions.	13,164,305 10	
Créance à recouvrer sur l'Espagne (termes échus et à échoir).		47,567,047 »
Dépenses non approuvées par la chambre des députés et rejetées des budgets.		657,761 »
Déficits sur les budgets des exercices, 1827, 1830 et 1832.		120,372,337 »
A reporter.		256,028,249 62

« également blessées, si nous contractions l'habitude d'exonérer le « présent d'une partie de son fardeau, pour la rejeter sur l'avenir. »

Report.	256,028,249 62
Il y a lieu d'ajouter à cette somme ce que le Trésor a payé, à titre d'avance, pour la portion de l'emprunt grec de 60 millions, dont la Russie, l'Angleterre et la France ont garanti, chacune pour un tiers, le remboursement : cependant l'on ne peut considérer ces paiements comme une perte pour le Trésor. Ils ne sont compris parmi les découverts que parce que l'époque de leur remboursement est incertaine.	2,750,000 »
Total. . . .	258,778,249 62

Origine des déficits et avances du Trésor.

Les avances du Trésor pour certaines dépenses spéciales sont quelquefois couvertes par la réalisation de ressources également distinctes; mais quelquefois aussi elles deviennent définitives, et s'ajoutent aux déficits, proprement dits, des budgets. L'on aurait pu éteindre la plus grande partie de ces déficits par les excédants de recettes de riches exercices ou par l'application à cet objet d'une portion des bons de la Caisse d'amortissement; une loi de 1832 avait même autorisé le ministre des finances à emprunter en rentes une somme qui eût suffi pour le remboursement au Trésor des déficits alors constatés. Mais on a disposé de ces deux premières ressources en créant le budget extraordinaire des travaux publics, et l'on n'a pas jugé à propos d'user de l'autre.

Ces avances du Trésor sont un véritable passif, et cependant d'après la *tenue des écritures* elles font et doivent faire partie de l'actif dans le bilan de l'administration des finances; cela est choquant, même pour ceux qui ne lisent pas seulement des yeux les choses de comptabilité; mais cette considération serait peu importante si ces déficits n'occupaient qu'une place trompeuse dans le bilan, sans influence possible sur l'avenir.

Un homme, qui voulait absolument avoir raison de tout, demandait un jour pourquoi au lieu d'éteindre cet étrange *actif* on l'augmente au contraire quelquefois, ainsi que cela a eu lieu pour une somme de 15 millions, dont il va être question, et qu'on aurait pu faire disparaître dans l'excédant de recette du budget même où ils ont pris naissance. Il lui fut répondu qu'on l'ignorait — C'est peut-être, reprit-il, parce que chacun des ministres qui se succédèrent dans le gouvernement du budget préféra présenter un excédant de recette, tel quel, que de le réduire ou l'annihiler, ou le convertir en un excédant contraire par une *dépense d'ordre*, ou réelle, presque toujours étrangère à sa courte gestion? — Non, lui dit-on. — Serait-ce alors parce que la proclamation de millions surabondants figurait bien alors dans les considérants d'une demande de crédits? — Eh non, les ministres n'usent jamais de subterfuges; d'ailleurs ici ce serait inutile, puisque les chambres accordent toujours les *gros* crédits, et vont même au delà [1]. — Alors pourquoi donc tous les ministres se sont-ils refusés à cette régularisation.

[1] Voir la note de la page 5.

Déficit du service antérieur au 1er avril 1814.

Il serait plus que difficile, peut-être, d'établir un compte exact des recettes et des dépenses des budgets qui ont précédé l'application à la comptabilité des ministères du système des écritures en partie double; c'est-à-dire de donner une situation exacte des budgets qui remontent au delà de 1808. Les comptes de cette époque n'offrent pas de documents assez positifs, assez explicites, pour qu'il soit possible d'indiquer ici des chiffres incontestables, et l'on pourrait ajouter que le chef du gouvernement d'alors et tous ses agents, et, à plus forte raison, le public, n'ont jamais vu bien clair dans une confusion de chiffres, un désordre, un chaos, au milieu duquel difficilement « *la lumière se fût faite* » si le prince tout puissant eût dit « *qu'elle se fît.* » Ce désordre étonnera, aujourd'hui qu'on a la satisfaction de voir les millions bien balancés, bien contrôlés, bien vérifiés. Les choses étaient ainsi :

C'est donc à partir seulement du 1er janvier 1808 que l'on peut avoir des chiffres officiellement établis[1].

A cette époque le déficit des caisses était de. . .		25,678,837 17
Il a été également constaté que du 1er janvier 1808 au 1er avril 1814 les paiements (y compris des prélèvements sur les recettes et des non-valeurs) se sont élevés à. . . .	7,956,069,553 76	8,660,956,732 43
Et les dépenses extraordinaires de l'armée, en dehors des budgets, à. . .	704,887,178 67	
A reporter.		8,686,635,569 60

1 *Compte rendu* par le ministre des finances pour l'année 1818, page 229.

Report.		8,686,635,569 60
Les contributions et revenus publics ont été de. . .	8,010,532,580 20	8,596,331,203 04
Et les recettes dans les pays conquis de.	585,798,622 84	
		90,304,366 56
Le déficit des caisses du Trésor impérial était bien effectivement de 100,352,153 02, en y comprenant celui de l'ancienne Caisse d'amortissement qui alors n'était qu'une dépendance du Trésor, ainsi qu'on l'a vu plus haut; mais un prélèvement sur la vente des biens des communes éteignit une partie du passif de la Caisse d'amortissement par le paiement de ses bons en émission; le reste fut confondu dans le déficit général, qui, par une autre ressource imputée sur le budget de 1817, fut réduit de		23,000,000 »
Et n'a plus figuré depuis que ponr.		67,304,366 56

Régularisation des crédits relatifs à la dette viagère et aux intérêts de cautionnements.

Avant la loi du 9 juillet 1836, et depuis une époque qui remonte à l'empire, les intérêts annuels de cautionnements et le deuxième semestre (celui au 22 décembre) des pensions civiles et ecclésiastiques, ainsi que des arrérages de la dette viagère, étaient payés sur les fonds de *l'exercice qui suivait* celui pendant lequel la dépense avait été constatée : de cette manière, un budget faisait face à une dépense qui lui était étrangère, et en léguait une analogue au budget suivant. La loi précitée fit cesser ces imputations irrégulières, en arrêtant que les paiements de cette nature, faits pour 1834 sur les crédits de 1835, et s'élevant à 13,164,305 fr. 10 c., fussent retirés de ce dernier exercice et portés, comme *avances du Trésor*, dans la situation ou bilan de l'administration des finances. D'après la même loi, cette avance doit rester à la charge de la dette flottante jusqu'à ce qu'il ait été pourvu à son remboursement, c'est-à-dire indéfiniment.

Créance sur l'Espagne.

Indépendamment de 4 millions de rentes négociées et sacrifiées pour la dépense du trône d'Espagne, ainsi qu'on disait alors, la France a dû subvenir, mais à titres d'avances recouvrables, aux dépenses de son armée d'occupation. Ces avances se sont élevées, de 1823 à 1829, à la somme de 98,325,445 fr., qu'un traité du 28 décembre 1828 a provisoirement réduite à 80 millions; — provisoirement, notre débiteur élevant de son côté des prétentions qui diminueraient encore les nôtres.

D'après ce traité, l'Espagne devait éteindre sa dette au moyen d'annuités que la mauvaise situation de ses finances ne lui a permis de payer que jusqu'en 1834; et comme le ministre des finances avait fait figurer les avances des années 1823 et 1824, s'élevant à 8 millions, parmi les ressources effectives de ces exercices,

Ci.	58,000,000
Chacun des paiements effectués depuis cette époque, ensemble.	10,432,953
Est venu diminuer d'autant l'avance de notre Trésor, laquelle est aujourd'hui de.	47,567,047
Il faut ajouter à cette somme celle de. . . .	75,522,777
Pour les avances postérieures à 1824, qui ont été comprises dans les budgets, et pour les intérêts; car, en outre des 80 millions reconnus par le traité provisoire, l'Espagne s'était engagée au paiement des intérêts de sa dette, qui ne devant être complétement amortie qu'en 1859 présentait en réalité un chiffre de 123 millions, dont le caractère et la respectabilité, si l'on peut parler ainsi, ont bien changé depuis les révolutions qui se sont faites, dit-on, en deçà comme au delà des Pyrénées. Ensemble (plus d'autres intérêts pour les termes en retard).	123,089,824

Déficits sur des budgets.

Le réglement définitif des trois exercices suivants a fait ressortir un excédant de dépense qui a été successivement mis à la charge de la dette flottante, savoir :

Budget	de l'exercice	1827	32,016,283
—	—	1830	63,346,061
—	—	1832	25,009,993

Les recettes des budgets actuels seront inférieures aux dépenses, mais ces déficits doivent être comblés par le produit d'emprunts et par d'autres ressources extraordinaires.

Dépenses non allouées sur divers exercices.

Distributions d'argent faites aux troupes pendant les journées de juillet 1830, et dont la chambre des députés n'a pas maintenu l'imputation au budget, par des motifs difficiles à expliquer, puisque nul n'a été déclaré responsable d'un paiement de 371,051 fr., dont le Trésor n'effectuera jamais la rentrée.

Le projet de loi de réglement de l'exercice 1832 présentait un *paiement* s'élevant à 270,560 fr., fait *sur l'arriéré de la guerre*, sans crédit préalable et au mépris des lois et réglements qui ont mis un terme aux trop longs abus que présentait le paiement des créances arriérées. La chambre des députés rejeta cette dépense irrégulière des cadres de la loi présentée, mais la force lui manqua pour achever son œuvre.

Il en a été de même pour un paiement de 16,150 fr. appartenant à l'exercice 1838, et rejeté du même budget de la guerre, en décembre 1840, sur la proposition de la commission de la chambre des députés. Ce dernier vote a donné lieu, dans la séance du 15 janvier suivant de la chambre des pairs, où une forte minorité voulait admettre la dépense, à une discussion inouïe qui a étrangement passé à travers la publicité.

Ce n'est qu'après quelque hésitation que l'on se décide à attaquer dans leurs opinions exprimées les hommes qui ont rendu de véritables services à la chose publique; mais la déférence pour eux ne doit pas aller jusqu'à devenir une passive soumission. Les bonnes choses que l'on a faites ou dites, ou que l'on tient en réserve, ne donnent point le droit de tout dire, ainsi que M. d'Aud.. semble le croire et le témoigne trop depuis quelques années ; elles donnent encore moins le droit de tout faire, ainsi qu'il l'a érigé en principe dans la séance de la chambre des pairs dont il vient d'être parlé. Il proposait d'admettre la dépense de 16,150 fr. rejetée par les députés, et disait :

« C'est dans l'ensemble de sa conduite, c'est par « l'influence qu'elle a exercée sur le sort de sa patrie « qu'il faut apprécier les services ou mesurer les « fautes d'un ministre ; on ne saurait isoler ni déta- « cher tel ou tel fait de son administration pour le « condamner sur un détail, et par une décision spé- « ciale, sans commettre une véritable injustice..... « Pourra-t-on le flétrir ainsi pour un seul tort, qui « souvent ne lui est pas personnel, et se trouve ra- « cheté par de grands services, en formulant en « chiffres dans le bilan du Trésor une accusation per- « manente... Je ne saurais consentir à distraire cette « somme des paiements effectués sur les services de « la guerre pour l'introduire dans l'actif du Trésor, « qui ne doit contenir que des ressources disponibles « ou prochainement réalisables, et je propose à la « chambre de la rétablir par un amendement rectifi- « catif du chiffre des dépenses arrêtées, etc. [1] »

M. d'Aud.. proposait aussi de retrancher les déficits de l'actif du Trésor, et il est à regretter qu'il n'ait plus aujourd'hui l'influence

Certes, d'après les lois et réglements de comptabilité, le paiement de cette misérable somme de 16,150 francs était irrégulier, quoique très loyalement fait. Il était d'ailleurs facile au ministre d'obtenir à cet égard une ordonnance royale, ainsi qu'un pair en a fait l'observation[1]. Mais cette opinion qu'il ne faut pas condamner sur un détail l'homme qui rachète un tort par de grands services, n'est-elle pas subversive de tous les principes qui régissent la société; du droit écrit, comme de la morale? — N'y a-t-il donc de criminel que la continuité des crimes et des délits, — et que devient le privilége exclusif et incontesté jusqu'au 15 janvier 1841, que la charte réserve aux députés? Le réglement du budget de 1838 présenté aux pairs ne faisait pas mention de cette somme de 16,150 francs; légalement donc ils devaient ignorer qu'elle existât dans le projet primitif.

Le ministre des finances n'admit pas que le crédit refusé à la chambre des députés pût être rétabli par amendement, et ajouta qu'il y a de graves inconvénients à rejeter de la loi des comptes des sommes arrêtées et dépensées, pour les faire entrer dans l'actif du Trésor; « car la responsabilité suppose l'obligation de réintégrer, et la chambre des députés, qui a voté

qui a fait adopter les bonnes et sages mesures d'administration que le pays lui doit en partie, il faut le dire, surtout à l'occasion d'une critique.

[1] Ces ordonnances sont quelquefois et si bien une formalité banale, que dans quelques circonstances, peu importantes à la vérité, on en fait des espèces de fournées, en leur donnant des dates convenables.

un peu *légèrement*, n'a point consacré cette responsabilité du ministre, lequel, dans des cas analogues, pourrait être ruiné par un simple rejet de crédit. »

D'autres pairs se réunirent pour le fond ou la forme à l'opinion de M. d'Aud.., dont l'amendement ne fut rejeté qu'à une faible majorité.

Il y a vraiment une grande lacune dans nos lois, cependant innombrables. Un ministre *ne doit pas être ruiné par un simple rejet de crédit !* Ce principe posé est absolu ; car s'il y a quelquefois plus ou moins de criminalité dans un fait, il ne peut y avoir plus ou moins d'innocence : il faut donc, pour qu'un ministre soit responsable, qu'il soit mis en accusation et condamné. Mais ce n'est qu'aux lendemains des révolutions que l'on met les ministres en accusation ! et cela n'implique certes pas qu'il n'y ait d'autres coupables que ceux-là.—D'après les principes formulés, en l'absence d'une loi sur la responsabilité ministérielle, le budget, c'est-à-dire le pays, devra toujours faire les frais des essais malavisés, des fautes, et de pis encore, des ministres.

—Lorsqu'un navire de l'état a été assailli, battu par la tempête, et que le capitaine, le dernier alors de l'équipage, a sauvé sa vie sur le dernier débris du bâtiment, il vient, le capitaine, déposer son épée à la barre d'un conseil de guerre et lui rendre compte des efforts de son courage et de sa science de marin. — La perte de l'état a été de quelques centaines de mille francs; et les ministres, parce qu'ils ne présentent pas de loi touchant leur responsabilité, pourront compromettre, obérer la fortune publique, passer des marchés désastreux, faire des achats fous, des dépenses qui s'élèveront à des dizaines, à des centaines de millions... et tout cela impunément...

Une loi sur la responsabilité ministérielle fait partie du programme de celles qui sont promises dans la charte de 1830 : un projet a même été présenté peu d'années après la révolution de juillet, mais il est mort-né. Une semblable loi est difficile à faire, il faut le reconnaître; mais, faite ou non, un ministre ne doit craindre que l'application, l'*importation* en France de la cruelle loi de Lynch [1], en vertu de laquelle le peuple fait justice instantanément de ceux qu'il accuse et reconnaît coupables.

[1] Lynch était un colon de la Nouvelle-Orléans, qui vivait à la fin du siècle dernier, et qui, voyant ses propriétés fréquemment saccagées, tandis que le gouvernement était impuissant à le protéger, et que lui-même ne pouvait se défendre ni se venger avec ses seules forces, provoqua chez ses voisins travailleurs et fonda une association de secours mutuels : lorsqu'un délit subi par un associé était reconnu, les coupables étaient recherchés, poursuivis, et justice était faite d'eux sommairement. Cette répression, accomplie en dehors des lois écrites, eut bientôt dans les coutumes la sanction que la pratique donne aux choses. Ce mode de justice entra dans les mœurs, acquit la force d'une loi et se répandit au delà de l'état où il avait pris naissance. Aujourd'hui encore le peuple des États-Unis l'applique quelquefois.

DES PENSIONS.

Avant 1790, où, *sans respect pour les droits acquis*, l'assemblée nationale fit subir aux pensions de toute nature une juste et sévère révision, posant des règles nouvelles pour l'admission présente et future à la récompense des services rendus, et non plus aux faveurs de la cour; avant 1790, les pensions étaient acquises de droit, comme bien d'autres profits et honneurs, à certains fonctionnaires, à certains protégés, à certaines familles. [1] Le fameux *livre rouge* de Louis XV et de Louis XVI, trouvé dans l'armoire de fer des

[1] Les pensions héréditaires données à la pairie sous la restauration, et par cela seulement qu'on était membre de cette pairie, furent une résurrection des anciens usages. Ces pensions s'élevaient en 1830 à plus de 2,600,000 fr. La loi du 28 mai 1829, qui réglait à leur égard certaines dispositions d'ordre, contenait ces insolents articles :

« ... Les pensions dont jouissent les pairs de France pourront être transmises jusqu'à concurrence de...

« Le successeur qui voudra réclamer la transmission de la pension en fera, dans les six mois de l'ouverture du droit à la pairie, la demande par écrit, adressée au président de la chambre des pairs,

Tuileries, et d'autres comptes que l'on a pu saisir, contiennent de curieuses révélations à ce sujet : on y voit de bien nuls, bien minces, bien honteux services rémunérés presque toujours au delà d'un service vraiment national. — Car ce dernier n'était pas toujours méconnu ; et pour ne parler que des dernières années de l'ancienne monarchie, c'est-à-dire des moins honteuses, Montgolfier, dont la découverte semblait être appelée à de hautes destinées, recevait un noble encouragement de 40,000 livres pour la construction d'un nouvel aérostat, en même temps que l'on payait 100, 500 mille livres à MM. de ***, *pour les aider à payer leurs dettes ou la terre de ..., ou pour la finance d'une charge ou d'un régiment.*

Les pensions révisées comme il vient d'être dit s'élevèrent à la somme de 12 millions auxquels on ajouta quelques autres millions pour indemnités et secours temporaires, et une somme fort considérable pour de nouvelles pensions données à des ecclésiastiques, religieux et religieuses, dont les biens communs venaient d'être réunis à ceux de l'état. Cette dette eut le sort des rentes perpétuelles et viagères, elle fut réduite des deux tiers, et son importance fut dimi-

en affirmant que sa fortune personnelle ne s'élève pas à 30,000 fr. de revenus nets. »

Il n'est plus aujourd'hui d'aristocratie profitante et pensionnée ; mais le principe de l'égalité a bien des conquêtes à faire encore... Nous avons le népotisme et les exigences législatives... De même que de nouvelles maladies ont succédé à la lèpre.

nuée également par l'application à ses titulaires de la loi sur les émigrés.

Les pensions militaires, à titre de récompenses nationales, de donataires (et quelques autres, par exception, et soumises à certaines conditions et limites), peuvent seules se cumuler avec un traitement d'activité.

Quelques pensions d'anciens ministres et grands dignitaires s'élèvent jusqu'à 20,000 francs, mais le maximum de toutes celles qui sont nouvellement accordées est aujourd'hui fixé à 6,000 francs.

PENSIONS

DONT L'IMPORTANCE, VARIABLE DANS CERTAINES LIMITES, SE PERPÉTUE PAR L'EFFET DES INSCRIPTIONS NOUVELLES ET SUCCESSIVEMENT OPÉRÉES.

Pensions civiles.

Ces pensions sont motivées par des services rendus dans les limites qu'indique la dénomination de leur titre. Quelques unes datent d'une époque antérieure à la création des caisses de retraites et même à 1790; les autres ont été et sont journellement inscrites au nom de fonctionnaires d'un ordre dans lequel ces caisses n'ont pas été établies; préfets, membres du conseil d'état, magistrats de la cour des comptes, employés des monnaies, et quelques agents du gouvernement, parmi lesquels ne figurent pas les receveurs des finances, les percepteurs des contributions directes, et d'autres auxquels on a laissé le soin de régler et assurer leur avenir, et auxquels il n'est accordé de pensions dans aucun cas. Que si l'on demandait pourquoi certains autres fonctionnaires, qui durant leur vie de fonctionnaires ont joui de traitements souvent fort élevés, sont gratifiés enfin de très bonnes retraites encore, sans avoir subi de retenues, il serait difficile de répondre : car ce ne serait pas une réplique de dire que les préfets, par exemple, n'atteignent pas, pour la plupart, la somme d'années de services nécessaire dans l'état actuel des choses pour obtenir une pension ; et que d'autres fonctionnaires, inamovibles de fait ou de droit, ne mettent point d'intervalle entre le repos des fatigues administratives et le repos éternel, demeurant de fait ou de droit dans leurs fauteuils, comme des académiciens..., à moins d'arrangements domestiques qui ne regardent pas le vulgaire.

Pensions militaires.

Les guerres de la république et de l'empire ont imposé à l'état la récompense des services rendus et l'indemnité bien acquise des infirmités et des misères amassées par les défenseurs de la patrie. Le nombre considérable des troupes réunies sous les drapeaux, ainsi que la rentrée de beaucoup d'anciens militaires dans les rangs de l'armée, ont fait obstacle, en augmentant le nombre des nouveaux ayants droit, à la diminution que l'état de paix semblait devoir amener sur le chiffre de ces pensions qui s'élèvent encore à 45 millions, non compris les traitements de réforme et de non-activité.

PENSIONS

DONT L'IMPORTANCE DÉCROIT GRADUELLEMENT PAR LA MORT DES TITULAIRES ET QUI DOIVENT DISPARAITRE UN JOUR DES COMPTES DE LA DETTE DU TRÉSOR.

Pensions d'anciens sénateurs, de pairs dont le titre est antérieur à 1830, et de leurs veuves.

Ce sont les pensions que le sénat *conservateur* s'est réservées [1] à l'époque de la déchéance de l'empereur, et celles qui ont été inscrites nouvellement ou par supplément avant 1830 au profit des pairs non dotés comme anciens sénateurs, pour les *aider* à *soutenir* leur *rang* et l'*éclat* de leur *dignité*. Elles portaient

[1] .... Seniores verò domos ingressi adventum Gallorum obstinato ad mortem animo expectabant. Qui inter eos curules magistratus gesserant, ornati honorum insignibus in vestibulis ædium eburneis sellis insedêre, ut, quum venisset hostis, in suâ dignitate morerentur. Interim Galli domos patentes ingressi vident viros ornatu et vultûs majestate diis simillimos..... Deindè cæteri omnes in sedibus suis trucidati sunt... *Tous périrent sur leurs chaises curules.*

(De Viris illustribus Romæ, etc.)

Au lieu de mettre, par habitude, par routine, dans les mains de la jeunesse des colléges les vies des grands hommes de l'ancienne Rome, il serait aujourd'hui *plus logique* (de laisser Tite-Live et les autres écrivains) *d'arranger d'autres vies* et de faire ressortir les

une réversibilité qui a été supprimée, comme de raison, avec l'hérédité de la dignité, par la révolution de juillet.

Pensions ecclésiastiques.

Ces pensions ont été données en 1790 aux religieux réguliers, et plus tard au clergé séculier, en indemnité de la perte de leur état et de *leurs* biens vendus ; elles sont de 267 francs, et les chanoines, vicaires généraux et curés peuvent les cumuler avec leur traitement, jusqu'à la somme de 2,500 francs. Les desservants, dont le traitement n'est que de 800, 900 ou 1,000 francs, suivant leur âge, ne peuvent cumuler dans aucun cas, même les septuagénaires.

Pensions des donataires de l'empire.

Elles ont été accordées en 1821 aux anciens donataires dépossédés de leurs domaines au delà du Rhin, ainsi qu'à leurs veuves et enfants. Elles sont de 1,000 francs au maximum et jouissent de la réversibilité, au bénéfice d'une seule génération et de la veuve.

Pensions à titre de récompenses nationales.

Elles ont été inscrites au nom des blessés de juillet 1830, juin 1832 et autres journées meurtrières, ainsi

immortels bénéfices qu'ont recueillis dans leur vie publique les Laubardemont, les Talleyrand, les Deutz et tant d'autres personnages qui s'illustrèrent dans les monarchies modernes, et que les bornes de cette note ne permettent pas de citer.

qu'à celui des orphelins et pères et mères de ceux qui ont alors succombé victorieusement ou fortuitement. Les blessés pensionnés ont, comme les militaires retraités, la faculté d'entrer aux Invalides, et ils y jouissent de la position affectée au grade que représente leur pension, qui varie pour celles dites de juillet de 400 fr. à 1,000 francs. Les pensions des ascendants des victimes de juillet, accordées seulement aux personnes dont l'état malheureux a été constaté, sont de 100 à 200 francs, et de 300 fr. pour les sexagénaires. Celles de même nature occasionnées par les événements postérieurs à 1830 ont été un peu plus élevées. [1]

Pensions des vainqueurs de la Bastille.

En exécution de la loi du 26 avril 1833, une pension de 250 francs, égale au traitement des anciens membres de la Légion-d'Honneur, a été allouée aux derniers représentants de ceux qui firent la première révolution.

Pensions accordées sur la Caisse de vétérance de l'ancienne liste civile.

Cette caisse possédait en 1830, au même titre que

[1] Les orphelins de juillet, de père ou de mère, ont été adoptés par l'état (loi du 13 décembre 1830), qui, après avoir payé pour eux des pensions alimentaires, jusqu'à l'âge de 7 ans, se charge, sur la demande des pères, mères ou tuteurs, de les élever jusqu'à 18 ans dans des établissements publics ou particuliers, et de leur donner une éducation conforme à leur sexe et propre à assurer leur existence à venir.

d'autres caisses de retraites, une rente sur l'état de 135,196 francs, qui a été annulée et remplacée par 600,000 francs de pensions viagères inscrites au nom de ses ayants droit, *qui, ainsi, n'ont point été lésés*.

Un *fonds de secours* de 400,000 fr. est distribué aux *pensionnaires* à titre gratuit *de l'ancienne liste civile*. Ces secours, dont le maximum annuel est de 500 fr. par individu, et peut s'élever à 1,000 pour les septuagénaires, ne jouissent pas de la fixité légale que possèdent les pensions proprement dites; mais ils n'ont pas failli depuis la révolution de juillet, et depuis la loi du 8 avril 1834, qui en a déterminé le chiffre général, ils sont annuellement et sans contestation votés par les chambres. Ils jouissent, si l'on peut parler ainsi, du droit de cité dans le budget de la dette publique [1].

[1] Les listes civiles sont appelées à secourir d'honorables infortunes et indigences, et à rémunérer, en outre, des services particuliers, des services publics et des actes que la loi a laissés en dehors des charges de l'état. Mais la bienfaisance de l'ancienne liste civile allait jusqu'à l'exagération, par le soulagement de besoins factices, par des subventions à de magnifiques exigences et à l'éclat de certains *rangs* et illustrations, par des *dons*, en un mot, que la révolution de juillet ne devait point continuer. Ceci soit dit pour répondre à d'injustes reproches et lamentations. A cet égard, de même qu'à beaucoup d'autres, cette révolution s'est montrée généreuse, dans toute la force de l'expression. Ces véritables pensions sont plus considérables quelquefois que celles qui ont été distribuées à ceux que l'œuvre de la révolution a mutilés et aux parents de ceux qui y ont succombé.

Caisses de retraite des ministères et administrations publiques.

Il existe pour les différents ministères des caisses de retraites distinctes, alimentées par quelques revenus spéciaux, et principalement par des retenues de diverse nature exercées sur les traitements des fonctionnaires, employés ou agents. Quelques caisses, ayant d'abord plus de revenus que de charges, achetèrent des rentes sur l'état, qui furent successivement vendues dans les mauvais jours, pour couvrir les déficits et l'insuffisance des recettes. Cette réserve étant épuisée à peu près en totalité, et pour toutes les caisses, le budget de l'état vint à leur secours par des subventions annuelles qui s'élèvent aujourd'hui à environ 11 millions. — Des 66 mille [1] fonctionnaires et préposés de tous grades qu'intéresse le régime des pensions sur

[1] Ce nombre de 66 mille ne comprend que les fonctionnaires et agents qui participent aux charges ainsi qu'aux bénéfices des *caisses de retraites*. Ceux qui obtiennent des pensions dites civiles ne figurent pas (voir page 112) dans ce chiffre, non plus que les marins, militaires et ecclésiastiques, ni ceux qui ont des caisses spéciales à part, ni ceux pour lesquels il n'a été établi aucune institution de ce genre et qui ne jouissent d'aucune pension. Dans la revue générale de tous les fonctionnaires, employés, agents et salariés de l'état, sous toutes les dénominations, le ministère des finances seul figure pour plus de 70,000, y compris, par conséquent, les 29,000 agents de divers rangs du service des douanes, 7,000 percepteurs des contributions directes, 10,500 facteurs, 2,500 gardes *forestiers*, etc.

fonds de retenues, 50 mille, à peu près, appartiennent au ministère des finances (voir le dernier projet de loi sur les pensions de retraite), qui participe pour 9 millions dans la subvention. Le surplus de cette subvention est réparti, dans des proportions inégales, sur les autres départements ministériels, à l'exception de celui de la marine, qui a pour les retraites de tous ses agents et intéressés (marins de tous grades, employés et ouvriers) un établissement unique, la Caisse des invalides de la marine, dont la situation est assez prospère pour se passer de subvention.

Cette mauvaise situation des caisses de retraites a été déterminée par diverses causes où agirent les événements de 1814 et 1815, qui ramenèrent des départements séparés de la France un nombre considérable d'agents, dont une grande partie, que l'on ne put replacer, fut mise à la retraite ou admise au traitement d'inactivité. D'autres retraites imposées sous prétexte d'économies, à diverses époques, ou accordées au mépris des réglements et en dehors des calculs des fondateurs de ces caisses, achevèrent de déranger des combinaisons dont les bases d'ailleurs étaient insuffisantes sur quelques points; principalement en ceci, qu'on n'avait pas fait entrer dans les calculs et prévisions les pensions des employés qui devaient se retirer du service avant d'avoir fourni leur part, leur contingent complet dans la masse commune. Dans tous les cas, les employés ne sont responsables ni des erreurs commises, ni des dommages survenus. Ils se sont soumis aux conditions du contrat réglementaire, et il est juste d'ajouter que les dispositions qui mettent leur avenir en question ou en péril ne pourraient se formuler en loi, sans injustice. Car, indépendamment de l'inobservation de ce contrat[1], la vérité est qu'une retenue proportionnelle, s'exerçant pendant 30 années, au minimum, s'accumulant, se capitalisant, profitant des versements des employés qui n'arrivent pas jusqu'à la retraite, fournit un capital à peu de chose près suffisant pour la constitution d'une rente viagère, égale à la moitié d'un traitement moyen d'activité. Il est à remarquer aussi que plusieurs des pensions servies par les caisses subventionnées devraient être inscrites pour une portion de leur importance parmi celles qui sont à la charge directe du Trésor; par la raison que la nature et la durée partielle des services des titulaires ont été étrangères aux administrations qui, sans recueillir de complètes retenues, ont accordé des pensions sur leurs revenus spéciaux. (Les services militaires, par exemple, quelle qu'en ait été la durée, sont admis à compléter les 30 années de service exigées des employés pour jouir de la pension de retraite, et beaucoup d'employés ont profité, et avec raison, de cette faculté.)

Le nombre considérable des employés des ministères et administrations a contribué encore à élever

[1] Ceci n'implique pas, cependant, que le gouvernement, avec le consentement des représentants de la nation, n'ait le droit de modifier les contrats qui sont en discordance bien constatée avec l'intérêt public.

le fonds de subvention. Il faut des ménagements pour toucher à une matière qui intéresse un si grand nombre de familles : mais il y a véritablement dans certains bureaux des administrations centrales, à Paris, et dans quelques services des départements, un tel *luxe* d'employés, qu'il serait bien d'y mettre ordre pour l'avenir, dans l'intérêt d'une sage économie et aussi dans celui des employés. Ce qui s'est fait il y a trois ans à l'administration centrale de la marine démontre qu'une réforme est praticable, et indique la marche que l'on pourrait suivre dans les autres ministères, et poursuivre encore dans ce même ministère de la marine. Au milieu de critiques faites sur cet important département par les commissions des chambres, et de réformes indiquées, se trouvait le vœu que la classe des commis fût mieux et plus équitablement rétribuée. Cette observation fut écoutée avec d'autres (ce qui ne veut pas dire qu'elles le furent toutes), et la moyenne du traitement des commis, qui était de 1,700 francs, a été portée à 2,500, sans briser ni froisser aucunes positions, mais par des suppressions d'emplois et vacances naturelles.

On pourrait réduire le nombre des employés de moitié, et les choses iraient pour tous et sous tous les rapports mieux qu'aujourd'hui; au lieu de moitié, nombre qui peut paraître exagéré à son tour, mais qui ne l'est point, que ce soit du tiers seulement; puis, qu'on augmente les traitements restant d'un quart; il y aura énonomie réelle d'un sixième sur la somme actuelle, et les employés, mieux rétribués et encouragés, feront meilleure besogne, et l'on exigera d'eux plus de travail, s'il en est besoin dans quelques bureaux : car la puissante main qui supprimerait des emplois supprimerait aussi une masse de registres et de paperasses qui semblent n'être souvent que l'accompagnement ou la conséquence des emplois, ou la résolution du problème : Faire le moins de travail avec le plus d'employés. — Puissante devrait être cette main, car les hommes aiment à dominer : et ceux, que le hasard ou l'intrigue ou le mérite a élevés au rang de chefs, mesurent souvent leur importance aux flots d'encre qu'ils font couler et au nombre des hommes dont ils dirigent les faits, les gestes et quelquefois les pensées. Bienveillante aussi devrait être la volonté qui opérerait cette réorganisation : elle respecterait et ménagerait la position de vieux serviteurs qui ont de plus qu'en entrant dans les bureaux, les misères de l'âge, et de moins, l'esprit d'action et de spontanéité qu'ils ont perdu (ceux qui l'avaient), par l'habitude d'exécuter passivement la volonté des autres ou des travaux abrutissants par eux-mêmes. [1]

Elle devrait combiner aussi les suppressions et

[1] La réforme ne devant agir que sur l'avenir sans doute, on peut dire sans crainte qu'un grand nombre d'employés appliqués au métier de copistes éternels sont trop largement rétribués, comparativement à la valeur de leur étroite et rare besogne. Les années *de service*, pour parler comme tout le monde, ne devraient pas toujours non plus conduire au maximum du traitement.

vacances d'emplois avec les nouvelles admissions, c'est-à-dire éviter de n'avoir plus, dans un temps donné, qu'une armée caduque.

Beaucoup de projets de lois présentant presque tous des combinaisons différentes ont été depuis quelques années soumis à la chambre des députés: aucun d'eux n'a encore obtenu leur approbation. D'après celui qui a été présenté pendant la dernière session et qui a été rejeté cette année, les pensions actuelles et celles à accorder à l'avenir auraient été inscrites au grand livre de la dette publique, et le montant des retenues à exercer comme par le passé eût fait recette au budget de l'état [1]. Ce projet, quant à

[1] Le montant des ressources des caisses s'élève à 6 millions 800 mille francs (y compris quelques mille francs de rentes possédées encore par quelques unes de ces caisses), et les pensions inscrites sont d'une importance de 17 millions 700 mille francs (ce qui établit une moyenne de 268 francs pour chacun des 70,000 anciens magistrats, employés de divers rangs et pour leurs veuves) : la différence, qui est supposée justement devoir décroître, est donc de 11 millions de francs pour les divers départements ministériels (à l'exception de celui de la marine qui a, comme il a déjà été dit, une caisse spéciale dont les ressources s'élèvent à près de 8 millions, dans lesquels figure une inscription de 4,620,000 francs de rentes immobilisées). Cette différence, cette insuffisance mise à la charge de l'état a effectivement un caractère de largesse, plus encore que de rémunération. Mais il serait peu digne d'une grande nation qu'elle agît contre ses serviteurs comme font la plupart des administrations privées, qui envoient leurs employés à l'hôpital lorsqu'ils sont malades, les remplacent lorsque la maladie dure *longtemps*, et enfin les chassent lorsque la vieillesse vient paralyser leurs forces.

Nos premières assemblées révolutionnaires, qui ne furent certes pas indulgentes pour les abus et les prodigalités, ont proclamé l'équité

ses conséquences finales, consacrait l'état de choses existant, mais en introduisant quelques nouvelles dispositions défavorables, relativement à certaines retenues et à l'admission à la retraite des employés et de leurs veuves. Toutefois, les employés devaient en désirer l'adoption ; car il fixait enfin leur avenir, en

de la rémunération des services et l'ont sanctionnée par des faits nombreux. — L'on ne fait pas fortune, il faut le reconnaître, en dépensant ses forces et sa vie au service de l'état ; et quoiqu'on ne doive pas s'inquiéter de voir jamais de lacunes dans les rangs de la gent bureaucratique et fonctionnaire, quelque faveur qu'on lui retire, il est de bonne administration et justice de la bien traiter. — Sauf les économies à faire sur le nombre des employés et les exigences de travail à leur imposer. « Ce qu'il faut au fonctionnaire (dit l'auteur de l'exposé qui accompagnait le dernier projet de loi présenté à la chambre des députés), ce qui le porte à se dévouer tout entier au service du pays, c'est, croyez-le bien, la certitude d'obtenir pour ses vieux jours des moyens d'existence à l'abri de toute éventualité. »

Cette observation est, avec beaucoup d'autres, fort juste; et au risque de froisser quelques amours-propres des deux côtés, ce qui est une maladresse qu'il ne faut pas commettre souvent, on pourrait comparer les administrations publiques aux maisons de commerce, et dire qu'il est bien rare, qu'il est peut-être sans exemple, qu'une maison ne prospère pas lorsque son chef a le bon esprit ou la faculté d'intéresser à ses bénéfices tous ses employés et agents. L'intérêt pour les employés des deux catégories, c'est un morceau de pain pour leurs vieux jours, et cette espérance corrobore leur fidélité, de même qu'un salaire raisonnable stimule leur dévouement. D'un autre côté, encore, tous les hommes n'étant pas possédés de l'inquiétude de l'avenir, il est bien de les forcer à prendre sur la vie actuelle pour les prévisions d'une vie future, c'est-à-dire de les astreindre à des retenues ; fallût-il plus tard ajouter quelque chose à des ressources insuffisantes, donner aux vétérans méritants une récompense qui serait un encouragement pour les nouveaux arrivants.

mettant à toujours leurs pensions à la charge du Trésor, tandis qu'elles sont aujourd'hui soumises à un vote annuel qui pourrait être mal inspiré un jour. Elles sont même attaquées dans leur principe par de sevères économistes qui ne veulent pas qu'après avoir largement rétribué les employés, l'état se perpétue vis-à-vis d'eux dans le rôle de débiteur.

TRAITEMENTS,

INDEMNITÉS ET SECOURS

DONT LA PERMANENCE AU BUDGET ÉQUIVAUT A UNE INSCRIPTION AU CHAPITRE DES PENSIONS OFFICIELLES.

La France ne doit pas indemniser ou récompenser ceux-là seulement qui dépensent leur vie, vieillissent et souffrent à son service immédiat et direct ; elle doit quelque chose aussi à ceux qui ajoutent à sa grandeur. Elle a donc à rémunérer ou à encourager les travaux d'art, de science et de littérature qui donnent presque toujours moins de profit que de gloire[1]. Elle a aussi à réparer de grands revers privés, résultant de calamités publiques ou politiques ; et, s'il faut tout dire, on lui fait payer des services d'une difficile justification publique.

Ces secours et indemnités, temporaires à leur ori-

[1] *Réelle ou inédite.*

gine pour la plupart, ont acquis, par la sanction du temps, le caractère de pensions viagères, et quelquefois d'abus; honorables et nécessaires d'abord, ils peuvent servir à entretenir dans la fainéantise des hommes valides de corps et d'esprit, qui n'ont d'autre titre à faire valoir, pour la continuation de leur pension, que celui de vieillards, incapables de gagner aujourd'hui le pain qu'ils sont habitués à aller couper au Trésor public. Une page déchirée dans le livre de ces pensions a donné lieu à de scandaleuses explications parlementaires. Il serait difficile d'éviter sur ce terrain, sinon les personnes, du moins les applications personnelles qui pourraient ressortir, vraies ou fausses, d'une discussion d'ailleurs déplacée ici : voici donc simplement la nomenclature des principales indemnités ou pensions qui ne figurent pas dans la dette officielle de l'état, dans la dette publique proprement dite.

Secours aux colons de Saint-Domingue, de Saint-Pierre-Miquelon, du Canada, etc., 876,000 fr. — Ils sont répartis aujourd'hui encore sur un peu moins de 6,000 personnes, dont la position nécessiteuse doit être constatée tous les 6 mois par l'autorité locale. Ils sont divisés en plusieurs classes et varient de 300 fr. pour une seule personne, à 1,000 pour une famille de sept individus, et aussi selon la position sociale des pensionnés ; ils sont réversibles sur les enfants appartenant à la première génération.

Secours aux orphelins et aux combattants de juillet, 22,000 fr. — Une partie de ces fonds est employée à l'achat de trousseaux et au paiement de pensions et apprentissages ; une autre est affectée à la distribution de secours à ceux des blessés de juillet qui n'ont qu'une pension insuffisante, ou qui n'en ont pas ; l'état de leurs blessures s'étant aggravé depuis la dissolution de la commission des récompenses nationales.

Indemnités et secours à des artistes, auteurs dramatiques, compositeurs et à leurs veuves, 137,700 fr. — La liste de ces distributions est mise sous les yeux des chambres. Cette mesure est bonne quant aux indemnités et faveurs, contestable peut-être pour les secours. Le soulagement d'honorables misères ne devrait pas plus être publié quand il émane de l'état que quand il découle d'un particulier.

Subvention à l'ancienne caisse des retraites de l'Opéra, 185,000 fr. — Cette caisse n'a qu'environ 40,000 fr. de revenus dont 20,000 fr. proviennent d'un abonnement avec le directeur pour quatre représentations à bénéfice réservées à cette destination. La subvention, qui décroît chaque année, ne profite qu'à ceux qui jouissaient de la pension ou y avaient des droits avant 1832. Les pensionnaires sont d'anciens artistes de tous les genres, des employés, des ouvreuses, et, en outre, quelques compositeurs et auteurs dont les œuvres rentrent dans les conditions anciennement prescrites.

Secours à d'anciens ecclésiastiques et vicaires généraux et à d'anciennes religieuses, 1,070,000 fr. — Des secours annuels, modiques, sont donnés aux ecclésiastiques auxquels l'âge ou les infirmités ne permettent plus de continuer leurs fonctions, ainsi qu'à ceux qui n'ont pu reprendre ces fonctions depuis le rétablissement du culte. D'autres secours, plus faibles encore (ils ne s'élèvent individuellement qu'à 100 et quelques francs) sont distribués à d'anciennes religieuses, depuis la fermeture de leurs couvents. Les anciens vicaires généraux reçoivent ce que l'on peut appeler un traitement de 1,500 fr. jusqu'au jour où un emploi nouveau leur est donné.

Secours à d'anciens chevaliers de Saint-Louis, 192,000 fr.

Secours aux malheureux Syriens et Égyptiens qui ont suivi en France les débris de nos armées en 1801. 150,000 fr.—Réduits en 1817, ces secours varient de 72 centimes à quelques francs par jour, et sont accordés à 250 individus partagés en quatre classes.

Secours aux condamnés politiques, 260,000 fr. — Ce chapitre a été introduit au budget quand le feu de juillet brûlait encore. Il est une étrange consécration, par les trois grands pouvoirs de l'état, de l'axiome qu'il n'y a vraiment de *crime* politique, quelle que soit la forme du gouvernement attaqué, bonne ou mauvaise, selon les opinions diverses, que l'alliance avec l'ennemi de la patrie commune. Les quatre mots de ce chapitre, qui a tant de portée, étaient primitivement suivis de ceux-ci : — *de la Restauration*. — Quelle est donc la pensée qui a raturé ces trois mots, dont la *suppression* semblerait d'abord devoir être *agrandissante*, puisqu'elle donne au chapitre un sens abstrait.

Secours à des personnes dans l'indigence et qui ont des droits à la bienveillance du gouvernement, 225,000 fr.

Solde et traitements d'inactivité ou de réforme (2,050,000 fr.) des généraux et officiers de divers grades qui attendent dans cette position leur admission ou leur mise à la retraite; un officier ne pouvant, sans jugement, être privé de son grade, [1] non plus

[1] Cette sorte d'inamovibilité dont jouissent les officiers est un *privilége* qu'ils partagent avec la magistrature (sauf les gens du roi), avec la plupart des membres du corps enseignant et avec quelques autres fonctionnaires et dignitaires. Elle a été longtemps réclamée avant 1830, comme une condition d'indépendance, comme une ga-

que de l'indemnité annuelle qui y est attachée et qui s'élève aux 3 cinquièmes du traitement d'activité pour les lieutenants et sous-lieutenants, à la moitié pour les autres officiers de tous grades, mais qui peut n'être que des 2 cinquièmes, lorsqu'il y a *retrait d'emploi* [1].

Dépenses des invalides de la guerre à Paris et à Avignon, 2,720,000 fr.

Supplément à la dotation de la Légion-d'Honneur, 800,000 fr. — Ce supplément, réduit tous les ans, est destiné à cesser lorsque la somme des traite-

rantie contre les sévices d'un pouvoir injuste; et pourquoi, dans ce système, ne s'étendrait-elle pas à un grand nombre d'autres agents et employés *de l'état* qui peuvent être destitués et brisés par le moindre caprice, prétexte ou ressentiment *d'un ministre* passager.

En envisageant les prérogatives d'un pouvoir qui nomme à tous les emplois et qui distribue l'avancement à qui il lui plaît, ou à peu près, il faut reconnaître que l'inamovibilité n'est pas toujours une garantie d'indépendance, tandis qu'elle présente quelquefois de graves inconvénients.

[1] Ce chapitre comprend aussi les secours dits temporaires, accordés à des militaires qui ont des titres à la bienveillance du gouvernement, mais qui n'ont pas de droits à la pension.

C'est sur ces fonds que l'on payait ce qu'avant 1830 on appelait les *secours aux* ARMÉES ROYALES *de l'Ouest*. Ces secours, discutés quelque temps après la révolution de juillet, ont été conservés, par esprit de conciliation et de modération, et avec une légère réduction ; mais ils n'*apparaissent* plus dans les budgets. — Aurait-on jugé leur être applicable l'article 7 de la loi du 8 juillet 1834, relative aux pensionnaires de l'ancienne liste civile, lequel est ainsi conçu : « Ne pourront être conservés les secours accordés à ceux

ments des membres de l'ordre sera descendue au chiffre déterminé par les lois [1].

Secours aux étrangers réfugiés en France, 2,150,000 fr. — Le montant de ces secours s'est élevé en 1840 à plus de 5 millions, et en 1841 à 5,800,000 francs encore, par suite de l'émigration extraordinaire d'Espagnols qui sont rentrés en partie, et qui doivent successivement rentrer dans leur patrie. La somme de 2,150,000 fr. est destinée aux secours ordinaires à 4,500 Polonais, à 400 Italiens, à 52 Espagnols seulement et à quelques autres réfugiés de diverses nations. Il faut dire en passant que la France est le seul pays qui vienne largement et officiellement en aide aux infortunes politiques. En Angleterre, on porte beaucoup de toasts aux Polonais, on leur accorde, comme aux autres citoyens ou étrangers, une liberté de locomotion qu'ils n'ont pas complète en France, mais là se bornent les effets de la sympathie britannique.

qui auraient porté les armes contre le gouvernement national, depuis 1789, ou en considération de ces services. »

[1] On sait que les seuls membres admis nouvellement à recevoir un traitement sont aujourd'hui les sous-officiers et soldats, et que ce traitement ne cesse pas avec leur position militaire : il arrivera donc une époque où tous les traitements seront uniformément de 250 fr., et exclusivement touchés pour des services militaires. Le nombre des membres qui ont un traitement, variant de 250 fr. pour le grade de chevalier à 20,000 fr. pour celui de grand'croix, est aujourd'hui de près de 28,000, tant pour les nominations qui remontent à l'empire, que pour celles qui appartiennent aux gouvernements suivants ; les autres membres sont au nombre de 22,000 ; ensemble 50,000.

Pour arriver à un chiffre qui comprendrait la rémunération [1] par l'état de tous les services rendus à divers titres, et les subventions accordées sous diverses dénominations, il faudrait prendre bien des chapitres encore dans les budgets de chaque ministère ; il faudrait en outre citer beaucoup de traitements sans fonctions, beaucoup de fonctions créées en vue du traitement et accordées comme récompenses quelconques. Mais ces citations seraient du domaine du pamphlet, et par conséquent s'écarteraient du but de ces notes et explications.

[1] L'exposé dont il a été question plus haut, page 124, rappelle qu'un comité passa en revue toutes les sommes inscrites au budget pour toute autre cause que des services actifs, et arriva ainsi à un total général de 103 millions, qu'il mit à la charge du système de rémunération.

BUDGET DE 1843.

Les évaluations des recettes ordinaires, basées sur les recouvrements de 1841 et 1842, et modifiées pour quelques chapitres par des circonstances particulières, sont de. 1,209,106,000

Les diverses dépenses ordinaires s'élèvent à. 1,236,553,000

Et il ressort ainsi un déficit présumé de. 27,447,000

Les dépenses des travaux publics extraordinaires, montant à 75,000,000 fr., seront couvertes par une somme égale à prendre sur l'emprunt autorisé par la loi du 25 juin 1841.

Des impôts plus ou moins élevés sont une nécessité que doivent subir tous les hommes réunis en société; plus un royaume est riche et civilisé, plus les impôts y sont considérables. Ils doivent être en rapport avec les charges du pays, sous peine de banqueroute; et comme nos charges sont énormes, nos besoins et nos plaisirs payent tribut et patente plus ou moins directement. Rien n'échappe au fisc. La difficulté est de concilier les droits et les exigences de ce fisc avec les droits, les intérêts, le mauvais vouloir et le malaise des contribuables.

Le *mauvais vouloir des contribuables* est une expression fort adoucie, car en France, de même qu'en beaucoup d'autres pays sans doute, l'on a un très vif penchant à se soustraire aux lois d'impôts. On s'imagine même que voler le gouvernement n'est pas effectivement voler. Voleurs ou non, tout le monde est malheureusement fort indulgent pour ces sortes de délits. Cette disposition des esprits remonte aux époques de notre histoire financière où presque toutes les branches des revenus publics étant affermées, les fermiers n'usaient d'un pouvoir délégué que pour extorquer par ruse ou enlever par violence le plus d'argent possible. A ces temps encore, et longtemps après, car les habitudes et coutumes anciennes se perdent difficilement, tous les agents du roi ou des compagnies pouvaient, au milieu des désordres de la comptabilité et sous la protection de leurs supérieurs, presque toujours complices, voler impunément le fisc et les redevables du Trésor. L'on ne saurait trop combattre et réprouver ces erreurs, ces délits et cette indulgence. Sous tous les gouvernements possibles, il y aura des impôts ; et dans l'intérêt de l'avenir, comme dans celui de la moralité publique, il ne faut pas que chaque citoyen se croie ou s'arroge le droit de se faire juge des exigences de ces lois d'impôts. Il faut, comme pour celles d'un autre ordre, s'y soumettre... jusqu'à ce qu'elles soient rapportées...... ou brisées...

Le peuple contribuable n'a peut-être pas une idée bien nette, même du classement donné à son argent ; car l'on sait combien les documents de finances sont peu répandus. Le budget des recettes donne ce classement ; celui des dépenses indique *ce que devient* cet argent.

Des plaintes et des calculs erronés ou passionnés se complaisent souvent à comparer nos budgets actuels à ceux de l'ancienne monarchie, de la république, de l'empire et de la restauration. Voici pour ce qui concerne ceux de l'ancienne monarchie, comparés à ceux qui suivirent, des observations beaucoup plus que judicieuses :

« Ceux qui n'ont consulté sur cet objet que les écrits « de M. Necker peuvent croire en effet que la généralité des impositions ne s'élevait qu'à environ « 600 millions... Mais ils oublient qu'avant la révolution... l'agriculture supportait l'énorme fardeau des « dîmes et d'une foule de droits purement féodaux ; « qu'alors une moitié seulement du territoire de la « France acquittait la masse de l'impôt foncier, qui « est répandu aujourd'hui sur toute l'étendue du « même sol, dont la valeur productive s'est accrue par « de nombreux défrichements ; qu'autrefois encore le « commerce était entravé par des péages multipliés, « par des barrières de douanes intérieures qui condamnaient à l'isolement, ou assimilaient aux pays « étrangers pour leurs relations commerciales, des « villes et des provinces entières ; que les jurandes et « les maîtrises..., etc. ; que l'administration de la justice..., etc. ; enfin, que le prix des diverses produc-

« tions a augmenté du quart au tiers, et que par con-
« séquent le signe monétaire, dont la valeur nominale
« est à peu près la même, a subi dans les échanges
« une perte égale à l'augmentation survenue dans la
« valeur des productions du sol, de l'industrie, et
« dans le prix des travaux [1]. »

La forme des gouvernements qui succédèrent à l'ancienne monarchie (voir la note de la page 24) présente sans doute d'immenses bénéfices et économies; mais (pour rester en dehors de toute dissussion politique) on peut appliquer aux budgets de cette époque quelques unes des observations qui se rattachent aux budgets de l'empire.

Ces derniers se sont élevés en moyenne à plus d'un milliard 400 millions (voir page 100) pour les années 1808 à 1814, les seules pendant lesquelles la comptabilité ait pu asseoir des chiffres irréfragables : et sans parler des charges que cette période financière a léguées aux administrations suivantes (à la vérité, la France était alors plus grande qu'aujourd'hui), il faut remarquer que de 1814 à 1830 plus de 180 millions, et de 1814 jusqu'à ce jour, 250 millions peut-être ont été successivement rattachés au *budget de l'état*, qui par conséquent s'est grossi d'autant. Cette observation a déjà été faite, mais elle est une réponse à des observations qui se répètent sans cesse. Ces dépenses *nouvelles* sont les *centimes additionnels* ajoutés aux contributions directes, attribués aux dépenses des

[1] *Histoire financière de la France*, depuis l'origine de la monarchie jusqu'à 1786, par M. Bailly.

départements et des communes qui souvent en demandent l'impôt; les *frais de régie* et de perception des divers impôts indirects; et les *non-valeurs* et *restitutions* sur toutes les contributions, qui, ainsi que les *primes* de douanes et le produit des *amendes*, étaient déduits des recettes brutes — c'est-à-dire que les recettes du budget n'apparaissaient que *nettes*, tandis qu'aujourd'hui tout y figure, en recette et en dépense. Ce sont encore les recettes et les dépenses de divers établissements et institutions, tels que les invalides de la guerre, l'université, les poudres et salpêtres, etc., qui s'administraient à part et formaient comme *de petits budgets particuliers*, ainsi que sont encore aujourd'hui la Légion-d'Honneur, l'imprimerie royale, les invalides de la marine, etc. (Voir page 15.)

Il ne faut pas oublier que ce sont les derniers budgets de la restauration, laquelle jouissait d'une paix et d'une quiétude complètes, qui ont vulgarisé le mot *milliard*. Il faut se rappeler aussi que la révolution de juillet a eu tout d'abord à supporter d'énormes dépenses d'armement et de réarmement inutiles sous l'administration précédente[1], et qu'elle a largement entrepris d'immenses travaux publics, qui certes donnent de nouveaux débouchés, de nouvelles richesses au pays, et par conséquent donnent naissance aux augmentations de produits. — Ceci soit dit sans préjudicier aux observations faites précédemment sur

[1] Voir le relevé de ces diverses dépenses extraordinaires de la révolution de juillet.

le système qui doit subvenir aux dépenses de ces entreprises.

Les contribuables payent en général aujourd'hui des impôts directs plus élevés qu'en 1830. Mais cette augmentation résulte principalement des centimes additionnels imposés pour les dépenses des chemins vicinaux et pour celles de l'instruction primaire — nul ne peut se plaindre de cette profitable dépense — et du plus grand nombre d'autres centimes *demandés* par les conseils locaux pour des dépenses qui tournent aussi au profit des localités et du pays. Quant aux impôts et revenus indirects, *leurs tarifs ont été*, toute compensation faite, *plutôt réduits qu'élevés depuis* 1830 [1]. Le chiffre de ces produits, qui dépasse aujourd'hui 680 millions, est de 100 millions plus élevé qu'en 1829 (le dernier budget de la restauration), et cette dernière année présentait elle-même une augmentation de 100 millions, comparativement à 1818 et 1819. Ces augmentations périodiques de 100 millions sur les *impôts indirects* de dix années en dix années, découlent de l'augmentation de la population et de la richesse publique, territoriale et commerciale.

Cette équitable reconnaissance des faits *donne le droit* d'ajouter que si cette fortune publique, et par con-

[1] Une réduction de *droits sur les boissons*, équivalente alors à 30 millions annuels, a été prononcée en 1830. Quelques droits de douanes et autres ont aussi été diminués depuis cette époque ; la loterie et la ferme des jeux ont été supprimées, et ces divers dégrèvements l'emportent de beaucoup sur quelques augmentations faites à un petit nombre de tarifs.—Ce sont *les tarifs* qu'il faut apprécier ici.

séquent l'importance des impôts, sont en progrès, il serait d'une sage prévoyance et d'une paternelle administration de réduire les tarifs de quelques branches d'impôts, sinon d'en supprimer quelques uns; et pour maintenir l'équilibre, de réduire en même temps les dépenses, sinon d'en supprimer quelques unes entièrement. — Le mérite *actuel* de la Caisse d'amortissement, et la justice, la nécessité d'un impôt sur les intérêts de la dette perpétuelle (rentes 5, 4, 4 1/2 et 3 0/0), ont été déjà appréciés, et l'on a vu tout ce qui pourrait être *économisé* sur ces services sans *offenser la morale*, comme il a été dit, sans mettre en danger le crédit public. — Il n'appartient qu' à un très petit nombre de personnes de discourir sur les difficiles questions que présente le budget de la guerre. Cependant l'on peut rappeler que des militaires et administrateurs expérimentés ont proclamé qu'un bon système de réserve, uni à une réorganisation de la garde nationale, permettrait de réduire de moitié des dépenses vainement guerrières de plus de 300 millions. Après avoir porté une sévère réforme dans les rangs splendides des états-majors de la finance surtout, de la diplomatie, etc., etc., il resterait encore quelques abus à déraciner, mais bien moins qu'on ne le croit. Par exemple, il faudrait certainement plutôt augmenter que réduire les traitements des magistrats des départements, ceux des pasteurs protestants et des rabbins, des professeurs communaux, des instituteurs primaires et de quelques autres; agrandir aussi les encouragements aux sciences, aux arts, à l'agriculture, au commerce, à l'élève des chevaux en France et en Algérie, etc., etc.

RECETTES.

Produit des forêts, etc.	34,362,000	42,682,000
Divers domaines et propriétés.	8,320,000	
Produits d'amendes judiciaires.		3,500,000
Recouvrement de frais de justice. . . .		2,530,000
Contributions directes.		406,150,000
Droits d'enregistrement et recettes diverses.		188,653,000
Timbre.		34,593,000
Douanes et produits accessoires.		136,009,000
Sels. Droit à l'extraction sur les côtes (sel marin).	56,000,000	64,900,000
Sels. Droit à l'extraction dans l'intérieur de la France.	8,900,000	
Contr. indir. Droits sur les boissons.	94,447,000	138,872,000
Contr. indir. Div. taxes et recettes.	44,425,000	
Tabacs (produit brut)		100,000,000
Vente de poudres à feu.		5,500,000
Postes. Taxe des lettres. . .	42,252,000	48,509,000
Postes. Divers produits. . .	6,257,000	
Rétributions universitaires.		3,554,000
Produits et revenus de l'Algérie.		2,440,000
Recettes des colonies (loi du 25 juin 1841).		5,994,000
Produits éventuels pour diverses dépenses départementales et communales. . . .		11,400,000
Bénéfices sur la fabrication des monnaies et des médailles.		70,000
Divers revenus et produits ordinaires ou accidentels.		13,750,000
		1,209,106,000
Portion de l'emprunt destiné à couvrir les dépenses des travaux publics extraordinaires.		75,000,000
		1,284,106,000

DÉPENSES.

Dette publique		360,428,000
Dotations		15,992,000
Ministère de la justice et des cultes.	Justice.	20,394,000
	Cultes.	37,316,000
Affaires étrangères		8,370,000
Instruction publique (1)		16,503,000
Intérieur (2)		97,760,000
Agriculture et commerce (3)		13,057,000
Travaux publics (service ordinaire des ponts et chaussées, etc.		53,411,000
Guerre. France (service ord.)	248,142,000	295,910,000
Guerre. Algérie	47,768,000	
Marine (service ordinaire)		94,323,000
Finances		9,425,000
Frais de régie, de perception et d'exploitation des impôts et revenus		150,922,000
Remboursements aux communes et non-valeurs sur contributions directes (4)	43,073,000	62,742,000
Répart^on de produits d'amendes, restitution de trop perçu, primes de douanes et escomptes	20,669,000	
		1,236,553,000
Travaux pub. extr. Ponts et ch.	34,820,000	75,000,000
Travaux pub. extr. Guerre	35,740,000	
Travaux pub. extr. Marine	4,440,000	
		1,311,553,000

(1-4) Y compris les fonds ou centimes classés comme départementaux. Voir page 151.

Chacune des branches principales des revenus publics forme une administration distincte, qui a ses comptables spéciaux, lesquels sont exclusivement chargés du recouvrement de l'impôt formant les attributions de leur administration.—Ils encaissent en outre quelques uns des *produits divers* du budget.

L'administration des forêts cependant n'a pas de comptables : le produit des coupes de bois de l'état et de la pêche des rivières est versé pour une portion chez les receveurs de l'enregistrement (administration de l'enregistrement, du timbre et des domaines); et pour la partie principale, chez les receveurs généraux des finances. Les receveurs de l'enregistrement, des douanes, des contributions indirectes et les directeurs des postes opèrent sous la surveillance immédiate de leurs chefs respectifs, et prélèvent sur leurs recettes les frais d'administration, de perception et d'exploitation de leur régie propre, ainsi que les remboursements pour trop perçus et pour d'autres causes. Puis ils versent le surplus dans la caisse du receveur particulier de leur arrondissement. Ces derniers n'ont aucun ordre, aucune impulsion hiérarchique à donner aux receveurs des revenus indirects. Leur rôle principal est de centraliser les recettes de l'état, et de diriger, surveiller les opérations des percepteurs des contributions directes (qui dans le plus grand nombre des communes sont en même temps receveurs municipaux) sous le contrôle supérieur et immédiat des receveurs généraux, qui, pour l'arrondissement du chef-lieu de département, remplissent les fonctions de receveurs particuliers. Ces receveurs (des finances), comme ceux des diverses régies indirectes, sont chargés du paiement des frais de perception de leur administration (contributions directes), et de satisfaire à divers remboursements et restitutions, parmi lesquels sont les *centimes additionnels* et revenus appartenant *aux communes*.

Toutes les autres dépenses, ainsi que les *centimes* attribués aux *départements*, sont soldés par les payeurs au chef-lieu de département. Dans l'intérêt du service cependant, des paiements sont faits *pour leur compte* par d'autres comptables. Les payeurs veillent, sous leur responsabilité, à la sévère exécution des lois et réglements sur *l'ordonnancement* et le paiement des dépenses publiques. Cet ordonnancement est fait directement par chaque ministre (sous le *contrôle* du ministre des finances, pour ce qui concerne les limites et répartitions des crédits), ou indirectement, lorsqu'il a délégué aux ordonnateurs secondaires (intendants militaires, divers chefs de services, préfets maritimes, préfets des départements) le pouvoir de délivrer des mandats de paiement aux divers créanciers de l'état.

Sauf quelques opérations peu importantes, les payeurs n'opèrent pas de recouvrements : ils tirent leurs fonds des receveurs des finances dans les départements ; et à Paris, du caissier central du Trésor public. Ce dernier reçoit, indépendamment des différents impôts du département de la Seine, où il n'y a pas de receveur général, les fonds disponibles des receveurs généraux, et certaines traites souscrites en paiement de droits et revenus. Il encaisse aussi directement quelques *produits divers*.

Un service de trésorerie, dont le siége principal est à Paris (*au Trésor*), maintient en équilibre les recettes et les dépenses publiques, et en surveille la ponctualité sur tous les points de la France. — Des explications ont été données sur ce service et sur son mécanisme, pages 74 et suivantes. (*Dette flottante.*)

Les opérations de ces divers comptables, et celles des trésoriers et caissiers d'administrations et établissements publics, en recette et en dépense, appuyées de pièces justificatives, sont examinées et jugées chaque année par la Cour des comptes, indépendamment de la surveillance immédiate exercée par les agents supérieurs des administrations diverses et par les inspecteurs généraux du Trésor.

RECETTES.

PRODUITS DES FORÊTS ET DE LA PÊCHE.

Prix principal des adjudications de coupes de bois de l'état et décime pour franc.	29,150,000	29,945,000
3 °/ₒ sur le principal pour remboursement à l'état de prix de travaux d'entretien et d'amélioration. . .	795,000	
Vente de plants d'arbres, de fruits, pierres, minerais; sur-mesure, c'est-à-dire restitution à l'état de la différence entre la contenance des coupes adjugées et la contenance réelle rectifiée, etc.		1,105,500
1 1/2 sur le principal pour frais d'impression et d'adjudication.		397,500
Amendes en matière de délits forestiers et de pêche.		600,000
Dommages et intérêts, restitutions et confiscations prononcées à l'occasion des délits forestiers et de pêche.		120,000
Location de la chasse dans les forêts de l'état. .		177,000
Location de la pêche dans les fleuves, rivières et canaux *navigables et flottables*. :		467,000
Contribution des communes et établissements publics pour frais d'administration de leurs bois. . . .		1,550,000
		34,362,000

A différentes époques, les besoins du Trésor ont fait *aliéner* une certaine portion des forêts appartenant à l'état, et tous les ans, des *coupes* de 22 à 23 mille hectares de bois, et 4, 5 et 6,000 arbres sont vendus pour une importance totale de 30 et quelques millions; y compris des frais accessoires mis à la charge des adjudicataires et divers autres produits.—La moyenne du prix de l'hectare vendu est d'un peu plus de 900 francs (pour les coupes).

Les aliénations opérées ont eu l'importance suivante :

	hectares vendus.	produits.
En 1814, 1815 et 1816, au profit des budgets de ces époques.	41,958	35,240,800
De 1818 à 1826, pour augmenter les ressources de la Caisse d'amortissement (sous déduction à faire de divers frais et primes d'anticipation de paiements). . . . :	121,957	88,241,200
De 1831 à 1835, pour augmenter les ressources des budgets.	116,780	114,297,000
Totaux. . . .	280,695	237,779,000

L'état est encore propriétaire d'à peu près. .	1,100,000 hect.
Les communes et les établissements publics en possèdent.	1,800,000
Les particuliers.	5,650,000
Et l'étendue des bois en France (non compris 7 à 8 millions d'hectares de landes, pâtis et bruyères) est, sur une superficie générale de 53,260,000 hect., de. . . .	8,550,000

REVENUS ET PRIX DE VENTE

De domaines et autres propriétés appartenant à l'état.

Bois et domaines de l'état, anciennement *engagés* ou *échangés*. (Versements faits par les propriétaires de ces domaines pour devenir propriétaires incommutables. Ces recettes s'affaiblissent tous les ans pour disparaître; l'état n'opère de rentrées que par suite d'instances engagées avant la prescription acquise contre lui.) 700,000

Successions tombées en deshérences, biens vacants et épaves. 300,000

Revenus et ventes de propriétés appartenant à l'état ; ancien domaine extraordinaire de l'empire, etc. . 4,237,400

Dotation en rentes et domaines appartenant à l'université. 530,000

Vente d'objets mobiliers et immobiliers provenant des ministères. 1,322,450

Produits d'établissements spéciaux régis ou affermés par l'état.

Écoles vétérinaires d'Alfort, de Lyon et de Toulouse.	267,000	
Bergeries de Rambouillet et autres. . .	129,000	
Vacherie d'expérience au haras du Pin. .	28,000	
Haras (20) et dépôts de remonte. . .	359,000	1,231,260
Écoles des arts et métiers de Châlons et d'Angers.	272,000	
Établissements thermaux de Bourbon-l'Archambault, Néris, Vichy, Bourbonne et Plombières.	176,260	

8,321,110

Sous l'ancienne monarchie, les rois, on le sait,

étaient souverains et possesseurs de tout ce que l'on appelle aujourd'hui le domaine public. Pour récompenser, fixer et stimuler le dévouement à leur personne, et pour se procurer aussi des ressources dans les moments difficiles, ils donnèrent, échangèrent, engagèrent et vendirent une partie de ce domaine, malgré le vieux principe national de son inaliénabilité (à moins des nécessités de guerre), et malgré les édits (souvent et étrangement renouvelés) qu'ils rendaient pour eux et leurs successeurs contre ces aliénations.

L'on comprend combien elles entraînèrent d'abus et de gaspillages jusqu'à la révolution, qui les arrêta enfin.

Soumis à beaucoup de vicissitudes et de jurisprudences diverses, les possesseurs de domaines *engagés* jadis ou *échangés* virent leur position fixée enfin en 1820. L'administration des domaines fut chargée du soin de les rechercher et de recouvrer d'eux le quart de la valeur des propriétés, qu'une loi de l'an VII leur avait imposé en retour de la possession paisible et incommutable. La prescription est acquise depuis 1829 à tous ceux qui n'ont pas été mis en demeure par l'administration, et cette branche de produits qui doit s'éteindre un jour n'est plus alimentée que par des recouvrements provenant de litiges, instances et procès entamés antérieurement à 1829.

Le chef de l'état n'étant plus aujourd'hui *le souverain*, c'est au Trésor que sont dévolus les biens de toute nature qui n'ont pas de maîtres; les successions qui n'ont pas d'héritiers; les épaves, etc.

L'état est, indépendamment de ses forêts, propriétaire de biens immobiliers qu'il vend, qu'il afferme, ou qu'il fait gérer. Les recettes provenant de l'ancien *domaine extraordinaire* de l'empire sont les derniers débris de propriétés diverses en immeubles, argent, rentes et créances, qui s'élevaient en 1814 à plus de 200 millions; qui furent réduits par des compensations et des annulations (de créances sur le Trésor et autres); et dont le restant fut employé à des rachats de rentes (voir le tableau de la page 26) jusqu'en 1837 où les sommes à recouvrer durent faire ressource au budget.

AMENDES JUDICIAIRES.

Les amendes inscrites ici, à part, pour 3,500,000 fr. sont celles qui ont été prononcées par les tribunaux en matière criminelle, correctionnelle et de police. Les amendes pour contravention aux lois d'impôts figurent parmi les recettes des administrations chargées du recouvrement de ces impôts, ainsi que celles prononcées à raison des délits forestiers et de pêche.

Une certaine portion des amendes de toute nature est portée en dépense au chapitre des restitutions et allouée, distribuée aux communes, aux hospices et aux agents des régies et de la force publique. Il en est de même du produit des saisies et confiscations opérées sur les fraudeurs; les employés des douanes et des contributions indirectes y ont, comme pour les amendes diverses dont ils ont provoqué la condamnation, une part assez considérable. Les employés de l'enregistrement ne participent jamais à la distribution des amendes qu'ils perçoivent : les receveurs seulement ont (comme sur leurs autres recettes) des remises sur les encaissements.

FRAIS DE JUSTICE.

Les frais de justice s'élèvent annuellement à plus de 4 millions, dont le sixième à peu près est de droit à la charge de l'état. Les receveurs de l'enregistrement sont chargés de payer une portion considérable de ces frais et d'en poursuivre le recouvrement contre les condamnés. Les recouvrements à opérer ont été évalués, pour les frais de procès criminels, correctionnels et autres, à 2 millions, et pour les frais en matière de délits forestiers et de pêche, à environ 500,000 francs : le surplus (un million) est irrecouvrable.

CONTRIBUTIONS DIRECTES.

Contribution foncière.	271,036,940
Personnelle et mobilière.	56,562,660
Portes et fenêtres.	31,778,604
Patentes.	46,069,130
Taxe de premier avertissement.	702,034
	406,149,368

Une portion de ces contributions, affectée à diverses dépenses dites départementales et communales, est imposée d'office en vertu de diverses lois, ou votée par les chambres, sur la demande des conseils généraux, pour diverses dépenses ordinaires et extraordinaires des communes et des départements, savoir :

Dépenses départementales. — Bâtiments civils, prisons, routes départementales, aliénés, intérêts ou remboursement d'emprunts, etc.	52,387,650
Fonds destinés à ajouter ou à suppléer aux revenus territoriaux, d'octroi, etc., des communes, pour leurs diverses dépenses.	25,951,100
Chemins vicinaux à la charge des départements et des communes.	17,369,000
Instruction primaire à la charge des départements et des communes.	7,879,000
Secours à divers dans les cas de grêle, incendies, inondations, etc.	1,908,110
Dépenses cadastrales (une subvention d'un million est ajoutée à cette somme et prise sur les fonds généraux du budget).	1,100,000
Frais d'impression, de distribution, etc., du premier avertissement donné aux contribuables. . . .	702,034
D'autres fonds sont destinés à compenser pour le fisc	107,296,894
les non-valeurs qu'il subit et les réductions qu'il accorde sur les diverses contributions directes.	5,054,200
Enfin les réimpositions (reports d'une année à l'autre d'impôts mal établis) s'élèvent à. . .	1,000,000
Total des fonds départementaux, communaux et spéciaux, mis à la disposition des ministres de l'instruction publique, de l'intérieur, de l'agriculture et des finances.	113,351,094
Le surplus des contributions directes est affecté aux dépenses générales du budget.	292,798,274
Somme égale.	406,149,368

La contribution foncière, assise sur les immeubles d'après leur revenu net, et la contribution personnelle et mobilière, calculée d'après la valeur locative des maisons, ont été établies en 1790 et 1791. Elles ont remplacé la taille sur les personnes et sur les biens (à laquelle étaient seuls soumis les vilains — *taillables* et longtemps taillés, *hault et bas, à volonté des seigneurs*), *les* vingtièmes sur les revenus, et la capitation ou impôt par tête. Les portes et fenêtres, ou droits sur les ouvertures des maisons, tarifés selon le nombre et la nature de ces ouvertures, et selon le chiffre de la population locale, n'ont été imposés qu'en 1798. Les patentes, basées sur l'importance de l'industrie exploitée, sur celle de la commune habitée par le redevable, et imposées aussi pour l'exercice de certains offices, charges et professions, ont remplacé en 1791 les droits (de jurande et de maîtrise) exigés pour la délivrance du brevet d'exercice dans les arts et métiers : supprimées en 1793, elles ont été rétablies en 1795.

La base de ces divers impôts est un *principal* auquel des centimes (dits *additionnels*) ont tout d'abord été rattachés fixement ou extraordinairement pour augmenter les ressources de l'état, ou pour subvenir aux frais de perception, aux non-valeurs et aux besoins ordinaires et accidentels des départements et des communes. Le chiffre de ce principal a été fréquemment modifié depuis sa première assiette, soit pour la France entière, soit à l'égard seulement de localités et de départements surchargés ou favorisés. L'on comprend combien de mécomptes et d'erreurs ont dû entrer dans la fixation de contributions qui remplaçaient un grand nombre de redevances et impôts, inégaux et désordonnés; qui soumettaient à un niveau fixe une matière imposable soumise naguère à des régimes différenciés selon les biens, les personnes et les provinces; qui même étaient nouvelles pour une partie, exemptée jusqu'alors de cette matière imposable. Beaucoup de tâtonnements et de dégrèvements ont donc eu lieu avant qu'on arrivât à une assiette qui n'est point encore parfaite, et qui est soumise d'ailleurs à beaucoup d'éventualités.

Des dégrèvements eurent lieu sous la restauration pour plus de 90 millions; mais s'ils ont été quelquefois équitables, ils n'ont eu souvent d'autre but que celui de favoriser les grands propriétaires et de réduire le nombre des petits; c'est-à-dire de réduire le nombre des électeurs.

Ces contributions s'élevaient en 1816 à 402 millions; en 1830, elles n'étaient que d'un peu plus de 350 millions, et depuis cette dernière époque, elles se sont successivement augmentées, et sont enfin arrivées à 406 millions, avec tendance à s'élever comme tous les autres impôts. Elles donnent exclusivement, comme on sait, à ceux qui les payent, le droit d'envoyer à Paris des représentants *qui y font leurs affaires* [1] : et il faut admirer, en passant, la *bizarrerie* de notre loi électorale. — La contribution des patentes, aujourd'hui classée parmi les *contributions directes*, a

[1] Il y a peut-être une amphibologie dans ces mots. Le lecteur la redressera, selon son expérience ou ses observations.

été primitivement recouvrée par les soins de l'administration de l'enregistrement; eh bien, si une nouvelle classification rendait cette perception à l'administration qui en a été chargée pendant plusieurs années, la conséquence serait l'élimination d'un nombre considérable d'électeurs et de jurés, qui offrent aujourd'hui toutes les *garanties* voulues, mais qui tomberaient dans le *profanum vulgus*, puisque les produits de l'enregistrement sont des *impôts indirects*.

Puisqu'une petite digression politique est arrivée à se placer ici, il faut dire un mot du recensement, qui est devenu une question politique, de financière qu'elle devait être exclusivement. Tout le monde reconnaît que c'était pour l'administration non seulement un droit, mais un devoir d'opérer le recensement, puisque la loi du 14 juillet 1838 lui prescrivait de présenter aux chambres un nouveau projet de répartition dans la session de 1842. — La valeur des propriétés augmente chaque jour : une station de chemin de fer, un canal, le percement d'une rue ajoutent certainement à ce que l'on appelle la matière imposable, et le propriétaire des biens profitant de ces divers travaux et d'autres encore doit être imposé plus fortement, comme dans d'autres circonstances il doit être dégrevé. Il faut reconnaître aussi que, sauf sur quelques points, où de malavisés et outrecuidants agents ont essayé d'abuser d'une position devenue accidentellement importante et redoutée, le recensement a été fait ou tenté par les employés avec équité et modération. Mais l'administration a eu à subir les représailles d'adversaires qu'elle avait accusés d'avoir mis en péril la fortune publique. Elle a été souvent incertaine, timide ; elle a voulu désavouer des paroles échappées, et ne point désavouer l'un de ses téméraires agents supérieurs. Enfin, elle a eu le tort d'annoncer, *de faire à grand bruit ce qu'elle pouvait opérer sans rien dire*, ainsi que l'a très bien fait observer un député dans la discussion de l'adresse..., et l'esprit de parti est venu se jeter dans une question déjà délicate par elle-même ; car l'argent dont on se dessaisit avec le plus de peine est celui qui doit satisfaire au paiement de l'impôt.

On peut aujourd'hui envisager le recensement sans passion (de part et d'autre).

Depuis la réorganisation des contributions directes, c'est-à-dire dès le lendemain d'une révolution faite par le peuple et pour le peuple, les redevables jouissent du droit incontestable de paraître par eux-mêmes, ou par leurs représentants immédiats, dans les travaux préparatoires et définitifs de répartition. Ils tiennent à ce droit ; ils ne le laissent point prescrire, et ils ont raison ; car lorsque l'on possède peu de chose, il ne faut pas le gaspiller ; mais ils prétendent l'exercer, l'on peut dire, jusqu'à l'abus. Le concours des contribuables dans l'assiette des contributions directes a eu pour but d'éviter que les agents du fisc (si spoliateurs — agents et fisc — à l'époque où remonte ce droit que certaines personnes appellent aujourd'hui une concession) n'exagérassent les éléments de cet impôt ; mais ce concours ne doit certainement pas faire dominer l'excès contraire, et c'est parce que l'on a voulu *la continuation* de cet excès et d'abus véritables, que le recensement a trouvé d'abord de l'hostilité.

Les portes et fenêtres, c'est-à-dire les ouvertures des maisons, doivent une redevance au fisc, en raison de leur nombre, de leurs dimensions, de la population, des localités, etc ; les patentes sont graduées dans des proportions analogues : eh bien, n'est-ce point un abus que de ne payer que pour six ouvertures quand on en a sept ? fait-on remise à d'autres contribuables du droit d'entrée d'une pièce de vin, lorsqu'ils en introduisent sept dans une ville? n'est-ce point un abus, que des conseils municipaux cèlent ou *réduisent* le chiffre de la population de leur ville, lorsque ce chiffre, présenté dans sa vérité, augmenterait d'un degré la limite de certaines contributions? Mais l'on pourrait aller plus loin, et prétendre que ce que l'on appelle la population flottante devrait, dans beaucoup de cas, être prise en considération dans l'assiette de l'impôt; par exemple, est-il bien juste de dire qu'un régiment de mille hommes, en garnison *permanente* dans une ville, ne présente qu'une population flottante, parce que cette ville (dans laquelle un régiment dépense un million chaque année) a tantôt dans ses casernes des dragons ou de l'infanterie de ligne, tantôt des cuirassiers ou de l'infanterie légère.

Les impôts ne sont qu'une sorte d'avance faite par quelques capitalistes, qui s'en font rembourser par les consommateurs. Les droits de douane, de licence, etc., la main-d'œuvre, l'impôt, l'intérêt de l'argent entrent en compte dans tous les produits vendus, et, en définitive, l'impôt direct n'est point, en moyenne, trop élevé; et la portion qui dépasse cette moyenne est supportée par la portion la moins souffreteuse des contribuables : or comme tous les Français sont contribuables, ce n'est point sur cette dernière qu'il fallait et qu'il faut s'apitoyer.

Vous vous plaignez, peut-on dire à cette portion la plus imposée des redevables de l'impôt *direct*; mais n'est-ce donc rien que les benéfices et compensations de l'électorat? C'est vous vraiment qui avez tout ce que l'on peut appeler les profits du gouvernement représentatif. Payez donc, messeigneurs ! payez, payez encore ! et ne dites rien, cela n'est pas prudent....

ENREGISTREMENT ET TIMBRE[1].

Enregistrement.

Droits proportionnels et fixes perçus à l'enregistrement des actes de toute nature, sous seing privé, notariés, judiciaires, administratifs; des avoués, huissiers et divers agents et fonctionnaires. Droit sur les cautionnements et les transmissions de charges et offices. Enregistrement des lettres patentes du chef de l'état, accordant diverses dispenses et faveurs (non compris les droits de sceau). Amendes pour contraventions encourues par divers particuliers, officiers ministériels et autres, aux lois sur l'enregistrement, etc.	178,843,000
Droits divers de greffe pour les transcriptions et expéditions de jugements, mises au rôle, etc.	4,538,000
A reporter.	183,381,000

[1] Ce chapitre aura quelque développement parce qu'il se rattache à des actes et à des circonstances de chaque jour.

Report.	183,381,000
Hypothèques : droits du fisc et portions des salaires des conservateurs, revenant au Trésor. . . .	2,250,000
Droits *de sceau* des titres de noblesse, dispenses pour mariages, additions et substitutions de noms, naturalisation, etc.	182,000
Permis de port d'armes de chasse.	1,800,000
Passe-ports à l'intérieur et à l'étranger. . . .	1,000,000
Recouvrement des frais divers faits par l'administration dans l'intérêt de la rentrée des produits.	40,000
	188,653,000

Timbre.

Proportionnel pour les effets de commerce et obligations sous seing privé.	4,500,000
De dimension pour les actes et les registres de divers.	26,193,000
Journaux.	3,000,000
Avis, annonces, affiches, catalogues autres que ceux de la librairie et des arts.	900,000
Total, y compris les amendes de contravention. .	34,593,000

Les receveurs de l'enregistrement sont, en outre, chargés du soin de poursuivre et de recouvrer les frais de justice (dont ils ont fait les avances) et les amendes criminelles, correctionnelles et forestières ; et d'encaisser les produits accessoires des forêts (les 6 derniers articles de ces produits), et les divers revenus de domaines et autres propriétés appartenant à l'état (sauf 400,000 francs formant une portion des produits des écoles vétérinaires et des écoles des arts et métiers, et la dotation de l'université).

ENREGISTREMENT.

L'*insinuation*, ou inscription des contrats concernant la propriété sur un registre public, est une formalité instituée par François Ier à l'égard de certaines transmissions de propriétés seulement. Mais successivement, et sous les noms de *contrôle*, *scel*, *petit scel*, etc., on y soumit les actes des notaires et des greffiers, les actes judiciaires et autres. L'intérêt général, et non celui du fisc, fut d'abord le but de cette institution, qui remplaçait les éphémères et frauduleuses *publications*. Ce n'est que plus tard, que comme tant d'autres créations moins utiles, elle devint une ressource financière par la *vente* que l'on fit *des offices* de contrôleurs (receveurs pour leur compte), puis par la constitution d'une régie opérant pour son compte et pour celui de l'état.

Cette administration, qui s'est toujours recommandée à la considération publique par le zèle, le mérite et le désintéressement de ses employés, cette administration reçut en 1790 son nom d'*enregistrement*, et acquit une plus grande uniformité, une plus grande force d'action par la réunion habilement établie d'attributions jusqu'alors dispersées. Il est inutile d'ajouter que furent supprimés dès cette époque divers droits féodaux et redevances qui se partageaient quelquefois entre le roi et le seigneur.

Les impôts divers perçus par les soins de l'administration de l'enregistrement ne frappent que sur la richesse et sur les capitaux, jamais sur l'indigence. Lorsqu'ils atteignent les humbles fortunes, ce n'est que très faiblement et seulement, pourrait-on ajouter, une fois par chaque génération [1]. Les recherches et les travaux des préposés ne les font jamais pénétrer dans le domicile des citoyens [2] ; leurs avertissements de payer sont temporiseurs, et le contrôle des employés supérieurs s'exerce autant dans l'intérêt des particuliers que dans celui du Trésor, sur la perception des droits exigés par les receveurs et sur l'accomplissement par les officiers ministériels des formalités imposées par la loi. Aussi cet impôt n'est-il point odieux. D'un autre côté, la formalité qui le fait naître est un gage de sécurité pour les particuliers ; elle répare la destruction possible de leurs titres ; elle est un obstacle aux altérations et aux antidates (les actes sont transcrits sur des registres *publics*, quelquefois dans tout leur contenu, toujours dans leurs dispositions importantes); elle donne l'authenticité aux actes sous seing privé, et

[1] Les droits de mutation par suite de décès sont en ligne directe d'un pour cent sur les immeubles, et de 25 centimes pour cent sur les meubles et capitaux, avec six mois de délai pour payer. Pour les donations en avancement d'hoirie, par contrat de mariage, et dans la même ligne, ces droits sont de 2 fr. 75 c. et 62 c. 1/2.

[2] Les employés supérieurs de l'enregistrement ne pénètrent que chez les notaires, avoués, greffiers, commissaires-priseurs, huissiers, pour vérifier les minutes et les répertoires, s'assurer que toutes les prescriptions de la loi ont été remplies, tant dans l'intérêt des clients que dans celui du fisc, et faciliter, lorsqu'ils ont des doutes, le redressement des perceptions erronées des receveurs.

est le complément, la constatation de celle dont jouissent les actes des officiers ministériels. — Toutes ces circonstances ont toujours été si bien appréciées, et l'administration de l'enregistrement fut si fortement constituée, qu'elle conserva son organisation au milieu des bouleversements où tombèrent tant de choses..... souvent mauvaises à la vérité.

A l'exception des contrats de mariage, donations entre vifs, reconnaissance d'enfants naturels, divers inventaires, actes respectueux et quelques autres en petit nombre, tous les actes et conventions peuvent indifféremment se faire devant notaire ou *sous signature privée*. Ces derniers sont *valables* aussitôt qu'ils sont *signés* des parties. Ils ne sont soumis à aucune forme particulière; cependant, lorsqu'ils portent engagement synallagmatique (mutuel), ils doivent être faits en double; et lorsqu'il s'agit d'un billet, les mots *bon pour* ou *approuvé* telle somme, doivent être écrits en toutes lettres. Mais il n'est même pas indispensable que l'acte sous seing privé soit daté, à l'exception toutefois des testaments olographes, des lettres de change, des billets à ordre, et ils peuvent être enregistrés dans tous les bureaux de la France indistinctement, sans délai de rigueur; sauf amende, quant au délai accordé (trois mois) pour les contrats portant *transmission* de *propriété* ou de *jouissance d'immeubles*.

Les droits d'enregistrement sont et ont toujours été *proportionnels* ou *fixes*, selon la nature des conventions enregistrées. Les premiers sont, ainsi que leur dénomination l'indique, proportionnés à l'importance des conventions et clauses écrites. Ils sont établis sur tout ce qui constate ou entraîne transmission de propriété ou de possession, et selon que la mutation est opérée par succession, ou par cession, à titre gratuit ou onéreux, en ligne directe ou collatérale, entre époux, entre cohéritiers, entre étrangers; qu'elle dérive d'une vente, d'une donation, d'un échange, d'un bail, etc.; qu'elle porte sur un immeuble, sur une rente, sur des meubles, sur de l'argent. Ils sont dus aussi pour les obligations de valeurs, pour les libérations, pour les cautionnements, pour les liquidations et collocations de sommes, amiables ou judiciaires, pour les jugements portant condamnation à des dommages et intérêts, ou contenant les transmissions et clauses désignées ci-dessus. *Les droits* sont *fixes* pour les actes qui ne constatent aucune transmission, obligation, ni libération de valeurs : tels que les mandats et procurations, les actes de société, les inventaires, les partages et contrats de mariage qui ne constatent aucune mutation de biens, les actes de tutelle, les testaments, les exploits et jugements dans beaucoup de circonstances.

L'assiette de ces droits n'est pas toujours équitablement ni raisonnablement établie. Ainsi, par exemple, pour ce qui est des droits proportionnels, est-il bien que les droits de mutation par décès soient les mêmes, pour l'héritage d'un frère et pour celui d'un oncle? les mêmes aussi pour la succession de cousins issus de germains (parents au quatrième degré), entre lesquels la parenté est encore quelquefois un charme et une occasion de s'aimer, et pour celle d'étrangers qu'on appelle parents au douzième degré (passé lequel la succession d'un intestat est dévolue à l'état)? Est-il bien encore que pour les transmissions volontaires de propriété, et pour celles qui ont lieu par suite de décès (de cousins et étrangers principalement), l'importance des droits ne s'élève que dans une proportion arithmétique, au lieu d'avoir, non une rigoureuse proportion géométrique, mais une sorte de gradation qui approche de cette dernière, etc.?—Quant aux droits fixes, est-il équitable que l'acte de tutelle d'un mineur qui possède cent et deux cent mille écus, que son contrat de mariage, son testament et l'acte de partage de ses biens ne soient taxés qu'aux mêmes droits fixes que les mêmes actes dressés pour les deux cents écus d'un pauvre homme?

Voici quelques tarifs qui serviront à faire apprécier l'importance des droits d'enregistrement.

	DROITS PROPORTIONNELS SUR LA VALEUR DES	
	meubles.	immeubles.
	fr. c.	fr. c.
Ventes ordinaires (il y a quelques exceptions)	2 » p. %	5 50 p. %
Donations à titre gratuit, par contrat de mariage, en ligne directe. . .	» 62 1/2	2 75
Idem en ligne collatérale: frères, oncles et neveux.	2 »	4 50
Mutations par décès, en ligne directe; meubles, 25 c., immeubles, 1 fr., frères, oncles et neveux. . . .	3 »	6 50
Idem grands-oncles, petits-neveux, cousins germains; meubles, 4 fr., immeubles, 7 fr., du 4e au 12e degré. .	5 »	8 »
Entre personnes non parentes. . .	6 »	9 »

Baux, 20 c. p. % pour les baux ordinaires, lorsque la durée est limitée; 2 fr. p. °/₀ pour ceux concernant les immeubles et la nourriture de personnes lorsque la durée est à vie ou illimitée; transmission des charges et offices de notaires, avoués, etc., 2 °/₀ de la valeur estimative de l'office; obligations et engagements de sommes par suite de prêt, 1 p. °/°. Dans l'intérêt du commerce et des affaires, l'enregistrement des billet à ordre n'est que de 50 c. et des lettres de change de 25 c. p. °/°.

Les droits fixes sont :

D'un franc pour un très grand nombre d'actes et pour tous ceux dits *innommés* ; de deux francs, pour les procurations, etc.; de cinq francs pour les contrats de mariage, actes de partage, etc. Ils sont un peu plus considérables pour quelques jugements et arrêts des tribunaux, et assez élevés (ce qui ne veut pas dire trop) pour l'enregistrement des lettres patentes de noblesse (voir plus loin aux *droits de sceau*).

Les délais pour l'enregistrement varient selon la nature des actes: sous seing privé, des notaires, huissiers, greffiers, de l'autorité publique (quand il y a lieu à enregistrement), et aussi selon la *substance* des actes. Lorsqu'ils sont expirés, ou lorsque la régie reconnaît qu'il y a eu fraude, omission ou insuffisance dans les désignations et déclarations de valeurs, le droit double est exigé (il n'est dû qu'un demi-droit en sus pour les successions non déclarées dans les délais); il est triple, lorsqu'on découvre une *contre-lettre* portant augmentation du prix du contrat. Dans beaucoup de cas, ces amendes sont une pénalité trop douce ; car en matière de douanes et de contributions indirectes, la chétive marchandise d'un malheureux est souvent saisie, et dans les contraventions en matière d'enregistrement, c'est la richesse quelquefois qui commet la fraude.—Les pénalités devraient dans beaucoup de cas être proportionnées à la qualité des personnes. Celui par exemple qui vole pour manger est moins coupable, s'il est constaté qu'il n'a pu trouver à travailler, que celui qui vole pour satisfaire des appetits déréglés.

DROITS DE SCEAU.

Un sceau est apposé à la chancellerie sur les lettres patentes du chef de l'état, conférant ou accordant des titres, faveurs et dispenses; et à l'occasion de la reconstitution des majorats et de la noblesse par Napoléon, cette formalité forma, avec la discussion et la délivrance des lettres patentes, les attributions d'une institution qui prit le nom de *sceau des titres*. Jusqu'à la révolution de Juillet, c'était comme une annexe de la liste civile; c'est-à-dire que la plupart des droits de sceau, augmentés même d'une légère subvention, composaient un fonds de pensions et largesses, supprimées en 1830, ou rattachées au budget des dépenses publiques. Des droits de sceau sont dus pour les lettres accordant des dispenses d'âge et de parenté pour mariages (1), des additions et substitutions de noms, la naturalisation, l'autorisation de prendre du service

[1] L'homme avant 18 ans, la femme avant 15 ans révolus, l'oncle et la nièce, la tante et le neveu, le beau-frère et la belle-sœur ne

militaire à l'étranger, pour celles qui confèrent la noblesse et des titres nobiliaires, ou qui autorisent l'institution de majorats et dotations; ils ont été en 1816 augmentés d'un droit d'enregistrement judiciaire, qui est de 20 pour 100 du droit primitif de sceau (et qui figure dans les produits de l'enregistrement proprement dit); mais indépendamment de quelques exceptions et du privilége que les indigents ont, selon la loi, d'obtenir leurs dispenses gratis, il est très ordinairement fait remise aux impétrants d'une partie au moins de ces deux natures de droits. Cependant, il y a une exception, qui est sévèrement maintenue depuis 1830, pour ce qui concerne les titres de noblesse, les majorats et les dotations. Il faut dire aussi que ces derniers produits, qui forment peut-être nos seuls impôts *somptuaires*, n'ont point cessé tout à fait de figurer au budget depuis 1830; seulement, l'on s'en est entretenu et raillé un peu plus souvent depuis quelque temps, parce que ces superbes lettres patentes ont été plus fréquemment délivrées et solennellement présentées à l'entérinement des cours royales.

On sait que le plus rude coup, peut-être, qui ait été porté à ce qu'on appelle *la véritable* noblesse, a été le paragraphe introduit en 1830 ou 1831 dans une loi d'intérêt accidentel (qu'alors il sera difficile de faire rapporter), et qui supprime la pénalité précédemment en vigueur contre les usurpations de titres et qualifi-

peuvent contracter mariage sans une dispense qui ne doit être accordée que pour motifs graves

cations nobiliaires. Tout vilain aujourd'hui peut se dire demain comte ou baron, sauf la pénalité du ridicule, qui du reste n'atteint pas seulement les usurpateurs. Ceux qui obtiennent un titre officiel et scellé en chancellerie paient, *en outre*, pour cette fantaisie, savoir :

Pour des lettres de noblesse, 600 fr.; pour le titre de chevalier, 60 fr.; de baron, 3,000 fr.; de vicomte, 4,000 fr.; de comte ou de marquis, 6,000 fr., plus le droit d'enregistrement de 20 p. 0/0 et le décime, ce qui porte, par exemple, le coût d'un diplôme de marquis à 7,320 fr. — Ce qui n'est pas trop pour être marquis. Cependant l'on pourrait dire que ce n'est pas assez..., puisque dans l'ordre héraldique, le marquis est au dessus du comte : 72 fr. 20 centimes ne sont point, il peut sembler, une somme suffisante, comparativement à l'honneur de s'intituler le chevalier un tel, et aux vingt-cinq louis (vieux style) que coûtent de simples lettres de noblesse. On voit encore au tarif officiel que la collation du titre de duc ne coûte qu'un droit d'enregistrement de 3,000 fr., sans droit de sceau ; et le titre de prince ne figure pas audit tarif.

Les changements d'armoiries ne se font point non plus pour rien ; et les villes qui n'en ont pas, ou qui demandent la confirmation de celles qu'elles avaient jadis, paient aussi, selon la classe dans laquelle elles sont rangées.

TIMBRE.

L'origine d'un papier imposé pour la description des actes et contrats, et vendu au profit de l'état, remonte en France à 1655. Mais ce projet d'impôt ne reçut d'application positive et régulière qu'en 1673, où un édit de Louis XIV, qui voulait épurer même la langue des huissiers, notaires et greffiers, prescrivit la fabrication par l'état, et l'achat par les officiers publics, pour servir aux actes de leur ministère, d'un papier revêtu *des formules* revues et corrigées. (La langue des huissiers devait être bien barbare en 1672, et ne s'est que trop fixée.) On s'aperçut bientôt que les formules (qui devaient remplacer les contrôles) étaient une mesure défectueuse, et après une année l'on rétablit les contrôles... Mais on conserva des formules le nom et l'impôt. On institua donc, au profit de l'état, *un débit* de papiers marqués d'une certaine empreinte. Cette empreinte étant d'abord à l'encre simple fut facilement contrefaite; et elle fut renforcée plus tard d'une seconde marque (filigrane) apparaissant dans la pâte même du papier. Puis, pour déjouer de nouvelles fraudes, on imagina les timbres frappés à sec sur le papier et ceux imprimés à l'encre grasse. Mais les fraudes continuent; et aujourd'hui il s'agit d'atteindre celles qui font servir d'anciens papiers rendus blancs au moyen de lotions chimiques. D'un autre côté, chaque changement que la France eut à subir dans la forme de son gouvernement en amena un aussi dans les légendes et les symboles des empreintes. Le nombre et la variété de ces empreintes furent modifiés encore par des réglements d'administration ; et l'on peut dire que l'institution du timbre semble distinée à n'avoir jamais d'immobile que son caractère d'impôt : et que, par suite peut-être de l'exagération jusqu'à laquelle on veut pousser son application, et aussi de la facilité à s'y soustraire tout d'abord, c'est un de ceux pour lequel le fisc a toujours eu le plus à combattre contre les contraventions et les délits (quoique les premières soient punies d'amendes quelquefois considérables, et ceux-ci des travaux forcés lorsqu'ils vont jusqu'à la fabrication frauduleuse), et contre des délinquants ingénieux à trouver des subterfuges et des fraudes, à mesure qu'ils sont découverts par les argus de la trésorerie.

La loi du 11 février 1791 régénéra cet impôt et modifia les anciens tarifs du timbre de dimension, pour les actes, regitres, etc., dont l'usage, sauf quelques exceptions indiquées, est impérieusement prescrit pour tous les actes à produire en justice. Cette loi posa et appliqua pour les effets de commerce le principe d'un timbre proportionnel, d'un prix basé sur l'importance de la somme énoncée en l'acte.

Tous les papiers débités sont exclusivement timbrés à Paris. Les *particuliers* qui veulent se servir d'autres papiers que ceux de la régie, ou de parchemins, peuvent les soumettre à la formalité du *timbre* extraordinaire (mais avant d'en faire usage) à Paris seulement, pour les timbres proportionnels, et dans toutes les directions des départements pour les timbres de dimension. — Les officiers ministériels n'ont cette faculté, que pour les parchemins (que la régie ne débite plus). — Les feuilles de papier blanc destinées aux journaux, annonces, affiches [1] et aux registres et répertoires de trésoriers d'établissements publics, fonctionnaires et agents divers, ne sont pas fournies par la régie, et peuvent être timbrées dans tous les départements.

Comme il n'y a pas de papier timbré pour les effets qui dépassent 20,000 fr., l'on doit faire *viser pour timbre*, par les receveurs de l'enregistrement, les papiers destinés à ces effets.

Les prix des timbres fixes sont de 35 centimes pour la demi-feuille de petit format, de 70 centimes pour la feuille entière, et de 1 fr. 25, 1 fr. 50 et 2 fr. pour les feuilles de plus grande dimension.

Les timbres proportionnels sont de 15 centimes pour les effets de 300 fr. et au dessous; de 25 centimes pour ceux de 500, de 50 centimes pour ceux de 1,000, et sont progressivement augmentés de 50 centimes par mille francs.

Les timbres sont, pour les journaux, de 6 centimes

[1] Le projet du budget de 1843 demande une exception contre les *lettres de voitures* des commissionnaires de roulage et autres, quelques uns paraissent se jeter trop fréquemment dans les fraudes dont il a été question plus haut.

par chaque feuille de 30 décimètres carrés et au dessus, avec faculté de faire paraître accidentellement, sans augmentation de droit, un supplément de 30 décimètres. Le droit est de 5 centimes pour les journaux de 15 décimètres et au dessous, avec augmentation d'un centime par chaque 5 décimètres jusqu'à 30, mais sans exemption de timbre sur le supplément.

Les affiches que l'on peut appeler *ordinaires* sont soumises à un tarif qui ne varie, d'après la dimension du papier, que de 5 à 10 centimes.

Pour les annonces et avis imprimés ou lithographiés, et pour les catalogues et prospectus, autres que ceux relatifs à la librairie, aux sciences et aux arts (lesquels sont exemptés), le droit est de 1, 2 1/2, 5 et 10 centimes par demi-quart, quart, demi-feuille et feuille, de 25 décimètres carrés et au dessus.

Les amendes pour contraventions sont fixes lorsque le timbre eût dû être de dimension. Elles varient selon les actes et les écrits, et aussi selon que les délinquants sont de simples particuliers, ou des officiers ministériels, ou des agents et fonctionnaires publics, ou des imprimeurs. — Les afficheurs sont passibles des peines de police simple. — Ces amendes sont, *en général*, de 5 francs pour les actes sous signature privée. Pour les journaux, elle est de 20 fr. par exemplaire trouvé en contravention. Pour les avis et annonces, l'amende est également de 20 fr., mais seulement par chaque distribution collective, et en outre, de 50 fr. contre l'imprimeur.

Si le timbre eût dû être proportionnel, l'amende

est de 6 0/0 du capital énoncé (avec minimum de 5 fr.) contre le souscripteur et le premier endosseur ou cessionnaire, et elle sera appliquée à chacun des signataires de billets à ordre et lettre de change, si le régime proposé dans le budget de 1843 est adopté.

En voyant l'extrême rigueur des princes de la trésorerie, en matière de timbre, l'on peut s'étonner que le Trésor donne lui-même, dans la personne de ses agents les plus directs et les plus intimes, l'exemple de l'infraction aux lois. Pourquoi les traites tirées par les receveurs généraux sur leurs collègues et sur ledit Trésor ne sont-elles pas écrites sur papier timbré? Pourquoi d'autres contraventions sont-elles tolérées?

DOUANES ET SELS.

Droits divers d'importation perçus à l'entrée en France de matière nécessaires à l'industrie et d'objets de consommation, naturels ou fabriqués.

Cafés, huiles d'olive, cotons, laines, toiles, fers et autres objets provenant de l'étranger ou de nos colonies.		85,192,000	128,704,000
Sucres bruts étrangers (sur 12 millions de kilogr.). .	9,589,000	43,512,000	
Sucres de nos colonies (sur 70 mill. de kil.).	33,923,000		
A reporter.			128,704,000

Report.	128,704,000
Droits à l'exportation (produits naturels ou objets manufacturés).	1,400,000
Droits de transit en France des marchandises étrangères, de réexportation des entrepôts, d'entrée (à condition d'en sortir) des voitures étrangères.	203,000
Droits de navigation. — Droits de tonnage à l'entrée des navires dans les ports. — Droits de sortie, d'acquits et certificats. — Taxes locales pour l'achèvement de quelques ports et bassins. . .	3,045,000
Divers droits et produits accessoires.	452,000
Produits répartis, remboursés et ditribués à divers : Valeur d'objets saisis et amendes. 1,120,000 ; Plombage et estampillage des bateaux, Voitures, colis. 1,085,000	2,205,000
	136,009,000
Taxe de consommation des sels perçus à l'extraction sur les côtes.	56,000,000
	192,009,000

DOUANES.

Les droits de douanes assis sur un petit nombre de marchandises ouvrées sont fort anciens; mais c'est seulement du règne de François Ier que date l'établissement des droits sur les matières premières, et de celui de Henri IV, l'origine, l'invention du régime prohibitif qui fut agrandi, perfectionné par Colbert.

Pendant longtemps il n'y eut qu'un, puis deux bureaux de douanes pour les marchandises qui entraient *en France*, — car beaucoup de provinces avaient à leurs frontières particulières des barrières de douanes dont l'entrave ne fut supprimée qu'en 1790.

Le régime ancien fut remplacé par une organisation et un système fort imparfaits eux-mêmes, et l'administration des douanes ne fut définitivement constituée qu'en 1800 et 1801. On sait qu'aujourd'hui, indépendamment de la protection infinie que ses tarifs sont destinés à donner à notre agriculture, à notre commerce et à nos manufactures, ses agents du service actif, organisés militairement, sont chargés de la police générale et de la garde de nos frontières de terre et de mer.

Il y a longtemps que *le consommateur* demande jusqu'à quel point, jusqu'à quelle époque doivent être protégées aux dépens de tous des industries qui ne peuvent végéter ou prospérer qu'à l'abri de réglements prohibitifs de droit ou de fait; ou qui, sous leur abri, s'endorment dans la routine. Mais les plaintes ne doivent pas cesser bientôt : que le consommateur se soumette. D'abord, ne doit pas vouloir que l'on tranche à son profit la question des douanes et de la liberté commerciale, qui se lie intimement à la force et à la richesse du pays; ensuite, s'il a lu, ou au moins parcouru les trois volumes de l'*enquête commerciale de 1834 et 1835*, il verra... que la question est quasi insoluble.

Ainsi disent les chambres et les commerçants consultés par le ministre qui, dans des vues véritablement libérales et progressives, avait provoqué une enquête :

— « Les fabriques de... sont depuis longtemps « sous le régime de la prohibition, et les manufac-

« turiers sont tous d'accord pour déclarer que, se « reposant sur cet état de choses, ils n'avaient au- « cun intérêt à s'enquérir de ce qui se faisait à l'é- « tranger. » (Ier volume, pag. 228.)

— « Pour que le mot *liberté* ait toute sa valeur « dans une société, il ne suffit pas que les lois poli- « tiques le consacrent; il faut qu'on le retrouve appli- « qué à son économie... La France a payé les mar- « chandises à son usage depuis 50 jusqu'à 200 p. 0/0 « de plus que l'Angleterre et la Hollande n'ont payé « les mêmes articles... Dans cette situation respec- « tive des peuples nécessaires les uns aux autres, il « est un principe d'association que pour le bonheur « de l'humanité il serait utile de féconder. Mais « non, les prohibitions le tuent... Chacune d'elles « (les nations) ne sera-t-elle pas plus riche et plus « heureuse, si l'intelligence de l'homme lui arrivait « sous les manifestations les plus variées... La France, « en particulier, que ses arts, sa gloire et le bruit de « son émancipation, ont posée en Europe comme un « phare lumineux, n'a-t-elle pas un intérêt immense « à ce que d'innombrables vaisseaux viennent, de « toutes parts, etc... Pour attaquer les vices du sys- « tème prohibitif, nous trouverons dans la puis- « sance de faits irrécusables des arguments contre « les funestes principes d'économie publique qui « nous régissent. » (Ier volume, page 44 et 45.)

— « Avec ces mots ronflants, sonores, *liberté du* « *commerce*, on égare beaucoup de personnes qui se « laissent séduire par le charme de ces mots, sans ré-

« fléchir que dans cette immense question, il ne s'agit « de rien moins que de la ruine de notre industrie, « et, par une suite inévitable, de celle du pays, peut- « être même de celle du gouvernement. Aussi, ne « nous étonnons pas de voir en général ses adversaires « de toutes les nuances, avides de saisir ou de faire « naître des occasions de trouble et de désordre, em- « pressés à préconiser le renversement du système au- « quel notre industrie doit sa prospérité. On les verrait « ensuite en faire un reproche au gouvernement, et « ameuter contre lui les ouvriers... etc.

« La question de vie ou de mort est dans la prohi- « bition, et *elle* doit être maintenue. » (Ier volume, page 541.)

Les choses n'ont pas changé sans doute depuis cette remarquable enquête; elle s'est même compliquée de toute l'importance de la difficile question actuelle des sucres.

Ces *trois* opinions *résument la question*, et il est inutile d'en citer d'autres demandant sur le même article... qui une prohibition, qui la liberté, qui une augmentation, qui une réduction de droits. — Il faut dire toutefois que le prix élevé de la matière première (sur lequel agissent les énormes frais de transport et les droits de douanes eux-mêmes) est très fréquemment considéré comme le seul obstacle à la réduction des tarifs protecteurs des objets manufacturés ou fabriqués; que plusieurs fabricants consentent à la levée de la prohibition, qui serait remplacée par un droit très modéré; que d'autres enfin proclament qu'ils ne craignent point la lutte. Ils l'appellent quelquefois même pour ceux de leurs produits qui ont leurs analogues à l'étranger. Parmi ces derniers (et sans parler des branches de notre commerce qui, ne redoutant aucune concurrence, comme nos vins et plusieurs de nos articles de goût et de luxe, sont pour la liberté illimitée qui amènerait la réciprocité) il faut mettre en un rang distingué les fabricants et les constructeurs de machines de notre industrieuse et glorieuse Alsace. Elle ne s'est ni endormie ni *encroûtée* (ainsi que parle d'elle-même la *chambre citée pour la si curieuse page 341 de l'enquête*) à l'ombre des tarifs protecteurs, mais elle en a profité dans l'esprit large et éclairé qui a fait accorder ces tarifs. Leurs machines sont arrivées peut-être à la perfection de celles de la vieille Angleterre. Leurs ravissantes et ingénieuses impressions à cinq, six et sept couleurs sont sans rivales, et leurs filatures produisent les numéros les plus élevés qu'emploient nos tisseurs. [1]

Le droit de fabrication sur le sucre indigène est perçu par les agents de la régie des contributions in-

[1] L'unité est un kilogramme de coton de 1,000 mètres de longueur. Le n° 100 est ainsi un kilogramme filé à 100,000 mètres. Quelques fabriques anglaises sont allées jusqu'à 200, et même (sauf erreur) jusqu'à 240 mille. Les plus belles mousselines de l'Alsace n'emploient

directes. Son importance a été évaluée à la somme de 7,425,000 fr., perçus sur une quantité approximative de 27 millions de kilogrammes. Ce qui donne un total de 50,937,000 fr. de droits à percevoir sur 109 millions de kilogrammes de sucre. Une très considérable portion des droits sur les sucres étrangers est restituée à la sortie des sucres raffinés de cette provenance.

DROIT DE CONSOMMATION DES SELS.

L'impôt du sel se lie presque dans notre histoire financière à celle de l'établissement de la monarchie pour remonter bien au delà. On en retrouve des traces fréquentes au milieu des mutineries et révoltes que la perception des impôts suscitait avant l'*ingénieux* système qui les fait voter par le peuple lui-même, ou du moins par ses *représentants*. Il était déjà organisé régulièrement dans le XIVe siècle; plus tard, sa perception prit un caractère odieux et sévère à ce point qu'on avait calculé la quantité que chaque famille pouvait consommer, et devait acheter annuellement et fort cher dans les *greniers* publics. Supprimé en 1793, il fut rétabli en 1805-1806.

que les n°s 120, 130, 140, quelquefois cependant un peu au delà, et leurs filatures y suffisent. Les n^os^ *grands fins* anglais ne sont employés que par quelques fabricants de tulle.

Les employés des douanes sont chargés de la surveillance de l'extraction du sel sur les côtes et de la perception que l'on a évaluée, pour la portion livrée à la consommation, à la somme de.	56,000,000	assis sur à peu près	189 millions de kil.
Les employés des contributions indirectes reçoivent sur la fabrication du sel des salines de l'intérieur.	8,900,000	—	29 —
TOTAL. . . .	64,900,000f.	sur une consom. de	218 millions de kil.

Le sel employé dans les produits chimiques est exempt du droit, qui est de 30 fr. par chaque 100 kilogrammes livrés à la consommation (sauf la Corse, où le droit n'est que de 7 fr. 50, et le *pays de Gex*, où il est de 15 fr. 25), ce qui établit une moyenne d'à peu près 2 fr. de droit payé par chaque habitant, pour une consommation de 6 kilogrammes et demi.

Depuis la loi du 17 juin 1840 qui approuve la résiliation (il serait trop long d'en discuter les motifs principaux) du bail consenti, en 1825, entre l'état propriétaire et la compagnie des salines et mines de sel de l'Est, l'exploitation des mines, sources et puits d'eau salée est libre en France.... Libre, *en se conformant aux lois* et réglements *qui* DOIVENT *réprimer les abus de cette liberté*, comme le disait la Charte octroyée.

CONTRIBUTIONS INDIRECTES.

DROITS DIVERS CONCERNANT LES BOISSONS.	Droits de circulation sur les vins, cidres et hydromels.	9,036,000	97,727,000
	Droits de détail des mêmes liquides et de consommation des eaux-de-vie, etc.	46,675,000	
	Droit perçu aux entrées de Paris, en remplacement des droits de détail.	11,088,000	
	Droit d'entrée des vins et vendanges, cidres, alcools, eaux-de-vie, etc.	18,478,000	
	Droit de fabrication des bières de diverses sortes.	9,170,000	
	Droit de licence des débitants de boissons, brasseurs, distillateurs.	3,280,000	
Diverses taxes sur les voitures publiques,—10e du prix des places des messageries, sous déduction du tiers pour les places vides. — Droit fixe sur les voitures d'occasion et à volonté, variant de 40 fr. par an pour les voitures d'une et deux places, à 110 fr. pour celles à six places, avec 10 fr. par chaque place en sus. — Plus un droit d'estampille de 2 fr. sur chaque voiture publ. .			9,150,000
Droits sur les cartes à jouer (15 et 40 centimes sur à peu près 3,800,000 jeux).			639,000
Licence des fabricants de sucre, de cartes et des entrepreneurs de voitures publiques. . . .			80,000
Garantie des matières d'or et d'argent et argues royales (or, 20 fr. par hectogr.; argent, 1 fr.).			2,052,000
Navigation des fleuves, rivières et canaux. . . .			6,796,000
A reporter.			116,444,000

Report.	116,444,000
Bacs, péages sur les ponts, etc., pêche maritime, etc.	1,379,000
Dixième revenant au Trésor sur le produit des octrois des villes.	6,071,000
Timbre (particulier) des expéditions et quittances délivrées par la régie.	3,378,000
Produits des amendes et confiscations. . . .	1,713,000
Recouvrement d'avances faites dans l'intérêt du service : à des communes pour traitements des employés de l'octroi, aux fabricants de cartes, aux cultivateurs de tabac, etc.	1,211,000
Prélèvement sur les octrois ou revenus des communes pour frais de casernement.	1,251,000
	131,447,000
Droit sur le sel, perçu à l'extraction dans les salines de l'intérieur.	8,900,000
Droit de fabrication du sucre indigène. . . .	7,425,000
	147,772,009

Les impôts qui forment les diverses branches de l'administration des *contributions indirectes* sont les plus importuns, les plus fatigants pour le peuple contribuable. Un homme de ce peuple paiera, sans s'en apercevoir, sans rien dire, sans murmurer, sa part des *licences, patentes* et *contributions directes* qui ont augmenté la valeur d'un broc ; mais il murmurera contre la contribution dite *indirecte*, s'il doit la solder *directement*, c'est-à-dire sans intermédiaire.

Les impôts sur les boissons ne sont point encore acceptés : ils sont subis.

Dès leur origine, on y récalcitra. Imaginés pour venir en *aide* au roi Jean, et pour subvenir à sa rançon, ils donnèrent lieu contre les villes et provinces opposantes à l'établissement de *barrières*, où les provisions et marchandises étaient arrêtées pour payer ledit *aide*. Bientôt les barrières, qui n'avaient été qu'un moyen, une cause, devinrent un droit, auquel s'ajouta celui des visites domiciliaires et autres *formalités* qui firent naître bien des révoltes. — Et qu'on ne s'indigne pas trop contre la barbarie des temps où nos pères brûlaient les barrières et les maisons des agents du fisc avec tout ce qu'ils y trouvaient — papiers, agents, instruments. — Naguère encore, après juillet 1830, des *barrières* furent brûlées et des impôts furent *abolis* violemment. — Après juillet, la chambre des députés dut réduire le droit sur les boissons à l'entrée des grandes villes, et le supprimer dans celles au dessous de 4,000 âmes. Lorsque les Bourbons furent imposés à la France par ses ennemis, le frère du roi, pour faire sa cour au peuple, dut s'écrier avec lui : « Plus de *droits réunis!..* » — C'est de cette époque que datent les *contributions indirectes*. Ces contributions indirectes furent les dernières que l'on parvint à rétablir après la révolution.

Ce n'est qu'en 1804 que le nouveau maître de la France osa préluder par un impôt très léger sur les vins, bières et cidres. Ce n'est qu'en 1806 qu'il constitua, sous le nom de *droits réunis*, l'administration qui eut dans ses attributions divers impôts nouveaux (tel que celui sur les sels), quelques uns de ceux qu'il avait déjà rétablis ou qu'il avait trouvés reconstitués (les droits sur les voitures publiques, les cartes à jouer, la garantie des matières d'or et d'argent, la navigation intérieure, les tabacs, etc.), et enfin les droits de vente de boissons en gros et en détail [1]. Ce n'est même qu'en 1808 que le droit d'entrée dans les villes fut réorganisé sur des bases souvent peu équitables; car beaucoup d'objets de luxe ne payent pas d'impôt.

TABACS.

Le produit brut de 16,660,000 kilogr. de tabacs et cigares que l'on suppose devoir être vendus en 1843 a été évalué à.		100,000,000
Mais il faut en déduire pour achat de tabacs français et étrangers.	22,000,000	30,000,000
Pour divers frais de manutention, transports, appointements, salaires.	8,000,000	
Reste pour pour produit net. . . .		70,000,000

Le bénéfice des débitants résulte de la différence entre le prix auquel le tabac leur est livré par la régie

[1] Avant la révolution, *les aides* étaient les droits sur les boissons; *les gabelles* représentaient l'impôt du sel, et la perception de ces impôts était devenue odieuse par suite des moyens et de la rigueur de cette perception. Le nouvel impôt sur le sucre devait être et a été mis dans les attributions de la même administration, dont les malheureux agents, toujours en contact direct avec *le contribuable* le plus récalcitrant, semblent destinés à occuper toujours la place la plus défavorable dans la classe des employés.—Du reste, ils trouvent quelques compensations et avantages dans l'élévation de leur traitement moyen, qui l'emporte sur celui des autres régies.

et celui auquel ils le vendent aux consommateurs ; savoir :

	Livré aux débitants.	Livré par les débitants aux consommat.	Bénéfice pour les débitants.
Tabac ordinaire à priser et à fumer.	7 f. » c. le k.	8 f. » c. le k.	1 f. » c. par k.
Tabac étranger à priser et à fumer.	11 10 *id.*	12 » *id.*	» 90 *id.*
Cigares dits de la Havanne, ordin. (*trois sous*, aux bureaux), les 250 cigares.	32 50	37 50	5 f. par 250
Cigares de la Havane, dits regalia (*quatre sous* aux bureaux), les 250.	43 50	50 »	6 f. 50 c. *id.*

Pour lutter contre la contrebande, le tabac est livré à un prix bien inférieur près des frontières.

Cette denrée, dont l'introduction en France date de 1561, fut monopolisée par l'état en 1674 ; et le monopole, supprimé par la révolution, ne fut rétabli par l'empereur qu'en 1811. — Le monopole, car des droits qui étaient successivement devenus assez élevés étaient, depuis longtemps déjà, établis sur la vente du tabac.

POUDRES A FEU.

Le monopole des poudres et salpêtres offre moins de prise à la critique que celui qui précède, puisqu'il embrasse une matière d'intérêt et de sécurité publique.

Le budget évalue à 2,286,950 kilogrammes la quantité de poudres à fabriquer en 1843, dont le prix de revient sera de 3,472,572 fr. — Sur cette quantité, le ministère de la guerre doit en consommer 500 mille kilogrammes ; le ministère de la marine 185,050; et le surplus, de 1,603,900 kilogrammes, est destiné à être vendu en France (1,600 mille kilogrammes), et en Algérie (3,900). La poudre de mine figure dans ces deux dernières quantités pour 1,515,000 kilogrammes. Les 5,500,000 fr. portés en recette pour ce produit doivent être, indépendamment du prix de revient, réduits encore de quelques frais, parmi lesquels n'est pas le bénéfice des débitants auxquels on livre aux prix de 2 fr., 7 fr. 50, 9 fr. 50 et 11 fr. 50 les poudres de mine, de chasse fine, surfine et royale, et qui la vendent aux prix déterminés de 2 fr. 25, 8, 10 et 12 fr. le kilogramme.

POSTES.

Taxe des lettres, service ordinaire (y compris les journaux et imprimés pour 2 millions à peu près). . . .	39,847,000
Taxe du service rural (créé en 1829), y compris la surtaxe d'un décime par lettre, qu'il serait équitable de supprimer.	2,405,000
	42,252,000
Droit excessif de 5 0/0 sur l'argent versé chez les directeurs des postes, pour être remboursé à la destination indiquée.	1,108,000
Droit sur les matières d'or et d'argent transportées par les paquebots.	187,000
A reporter.	43,547,000

[1] La taxe d'un journal est de 20 centimes, et celles des imprimés, de 25 cent. par feuille. — pour toute destination.

Report.	43,547,000
Produit des places dans les malles-postes. . . .	2,403,000
Produit des places dans les paquebots de Calais à Douvres, de Toulon en Algérie, de Marseille en Corse et dans le Levant.	1,213,000
Droit de transit des correspondances étrangères, différence à notre profit dans le décompte qui est fait du port des lettres qui vont chez l'étranger et de celles qui en arrivent.	1,289,000
Recettes diverses comprenant la vente du *livre de poste*, d'amendes prononcées contre les fraudeurs du transport des lettres, etc.	57,000
	48,509,000

Le service des postes date de Louis XI.[1] Sous l'an-

[1] Qu'il est grand Louis XI! — non à cause de son institution des postes, qui ne devait servir qu'à ses seuls intérêts et ne servit longtemps qu'au transport des ordres royaux; ni à cause de son autre méthode de faire voyager *de Paris à la mer* ceux que maître Tristan emballait; ni de l'invention de l'*Angelus;* ni de l'organisation des armées permanentes que l'on peut rattacher à son règne; mais grand fut Louis XI, car il agrandit la France et la fit puissante.—Juste il fut aussi, surtout par comparaison avec d'autres, et malgré cruautés et manques de foi (*qui étaient le régime gouvernemental de l'époque.*) Ce n'est pas, il s'en faut, le roi qui ait le plus tué en vertu de son bon plaisir; et quant au reproche de mauvaise foi, il faut avouer que les diplomaties qui succédèrent à la sienne ont bien perfectionné les rudiments de son école, sans conserver ce qu'elle avait de national. C'est lui qui a comparé la France à un pré qu'il fauchait : mais d'autres l'ont fauchée de plus près que lui, sans dédommagement. Juste il était par tempérament, et même bonhomme et fort original — témoin l'histoire de la rave du paysan bourguignon, donnée plus tard en retour d'un cheval; et les quarante écus d'or pour le pou que vous savez et les quarante coups d'étrivières pour une puce; et ces petites anecdotes que raconte, par exemple, Brantôme, qui l'appelle bon prince.

cienne monarchie, tout ce qui était propriété publique (et plus que tout cela) appartenait au roi, et ce droit avait plus de conséquence que n'en ont aujourd'hui des dénominations surannées, comme celle de *routes royales* [1]. Aussi le service des postes devait-il être et était-il monopolisé par l'administration royale qui, naturellement aussi, s'était emparée encore des messageries et de tous les transports publics. Ce monopole des transports sur les chemins et sur le pavé du roi était exploité par des fermiers sous le contrôle et la surveillance de l'intendant général des postes [2]. Il a été aboli comme tous les priviléges par la révolution, et il en est resté pour l'état — dans l'intérêt de la sécurité générale, le droit d'autoriser la mise en circulation des voitures publiques — et pour contribuer à l'entretien des routes (usées par ces voitures), divers impôts sur les voitures publiques. (Voir aux *Contributions indirectes*.) Le monopole du transport des dépêches a été

[1] Cette dénomination, du reste, sert à distinguer les routes de grande communication qui sont ouvertes et entretenues avec les fonds généraux du budget, par opposition aux routes et chemins départementaux et vicinaux, laissés à la charge plus directe des localités qui en sont traversées.

[2] Le service des postes a grandi et s'est successivement amélioré. Il est actuellement autant au dessus du service antérieur à la révolution, que ce dernier l'emportait sur les avantages obtenus à l'origine de l'institution. Un intendant général des postes de l'ancienne monarchie admirerait d'arriver à Marseille par les voitures de son administration, 65 heures après son départ de Paris, autant qu'un vieil Alsacien est ravi lorsqu'à Mulhouse, au casino, après souper, comme à l'ordinaire, il spécule sur une affaire qu'il est allé dans la journée traiter à Strasbourg.

conservé, et des anciens privilèges des maîtres de poste est né une taxe de 25 centimes par lieue et par cheval, payée par les propriétaires de messageries qui ont des relais particuliers. Cette taxe avait d'abord été allouée en vue d'empêcher sur plusieurs points la ruine des maîtres de poste; laquelle pouvait, au préjudice de l'intérêt général, naître de la liberté donnée à tout le monde d'avoir des relais particuliers. Elle a été conservée par des motifs de même nature, mais pourrait sans doute, et devrait être supprimée dans les riches localités. Cet intérêt général rend fort défendable le monopole par l'état du transport des lettres et dépêches. — Quelles que soient la fortune et la force d'action d'une ou de plusieurs compagnies, elles ne peuvent présenter la sécurité et la célérité constante dont jouiront toujours les dépêches sous la surveillance et la conduite des représentants de l'autorité publique — en supposant, bien entendu, que cette autorité ne violera pas les secrets qui lui sont momentanément et forcément confiés [1] sous enveloppe.

[1] Avant 1830, cette violation du secret des lettres était audacieusement organisée. Elle était même avouée presque officiellement, car le directeur général des postes était le *seul chef d'administration* qui travaillât directement avec le roi... Quel était ce travail que certes l'on ne peut supposer être des discussions sur les facteurs et postillons, sur la construction et la marche des voitures? — Quels services encore que ceux de directeurs généraux accusés, critiqués sous beaucoup de rapports, même par leurs supérieurs, les ministres, et qui sont défendus, maintenus par une volonté plus forte!

PRODUITS UNIVERSITAIRES.

C'est depuis 1836, seulement, que les recettes et les dépenses de l'Université figurent au budget général de l'état; avant cette époque, elle administrait elle-même ses revenus, comme elle dispense l'instruction publique, sans contrôle. Du reste, son état d'indépendance a été respecté par le nouveau régime, qui n'a prescrit que des dispositions de comptabilité. Elle est débarrassée de cette matérialité, et les agents du Trésor n'interviennent que pour percevoir les recettes et payer les dépenses de cette *fille aînée de la royauté.*

Les revenus de l'Université se composent des droits universitaires et de la dotation qui lui est attribuée par les actes constitutifs de son rétablissement. Cette dotation, qui a été augmentée de l'importance de quelques legs, pourrait fort bien disparaître; car elle est formée de rentes que l'état se paie à lui-même et de revenus de domaines qui sont mêlés à tous les autres produits du budget.

Les droits universitaires sont :

La *rétribution;* elle est fixée au vingtième du prix de la pension payée par les élèves internes. Elle a été évaluée:

Pour les 48 colléges royaux, à	440,000	
Pour les 330 colléges communaux, à .	460,000	1,560,000
Pour les institutions, à	230,000	
Et pour les pensions, à	430,000	
A reporter.		1,560,000

Report.	1,560,000
Le *droit annuel* est comme une patente payée à Paris 150 francs par les chefs d'institution et 75 fr. par les maîtres de pension. Dans les départements et dans la banlieue de Paris, le droit est de 100 fr. pour les premiers et de 50 fr. pour les autres; son évaluation est de	60,000
L'obtention des divers grades dans les facultés de droit donne lieu à différentes taxes qui ont, en les accumulant successivement, l'importance suivante:	
Pour le certificat de capacité. 130	
Pour le baccalauréat. 326	
Pour la licence. 488	
Pour le doctorat. 508	
L'évaluation des droits revenant au Trésor est de.	1,050,000
Dans les facultés de médecine, les droits à percevoir sont, pour le doctorat (inscriptions, examens, diplômes, etc.). 1,100	
Pour les officiers de santé. 510	
Pour les pharmaciens. 150	
Pour les sages-femmes reçues dans les facultés 120	
Le produit des droits du Trésor a été évalué à . .	598,282
Dans les facultés de théologie, baccalauréat, 25 fr., licence, 25 fr. doctorat, 60 fr., ci	1,200
Dans celles des lettres, baccalauréat, 60 fr., licence, 72 fr., doctorat, 120 fr., ci	240,000
Dans celles des sciences, baccalauréat, 60 fr., licence 72 fr., doctorat, 120 francs; ci	45,000
	3,554,382

PRODUITS ÉVENTUELS

Affectés au service départemental.

Les produits qui viennent en augmentation des *centimes additionnels départementaux* se composent surtout d'emprunts contractés par les départements et autorisés par diverses lois ; de contingents communaux et de souscriptions particulières, pour subvenir à des dépenses de chemins vicinaux de grande communication et à d'autres besoins d'utilité départementale.

Ces ressources sont centralisées au Trésor, mais sont mises à la disposition des préfets, comme tous les autres fonds départementaux.

PRODUITS ET REVENUS DE L'ALGÉRIE.

Aussitôt que la France eut pris possession de sa nouvelle conquête, elle se hâta d'y transporter avec les bienfaits de sa civilisation un grand nombre de ses impôts.

On y établit d'abord l'enregistrement, qui, du reste, est une institution nécessaire aux intérêts de toute société. Mais on y perçut bientôt après des droits de greffe, de douanes, de navigation, etc. Ces deux derniers forment la moitié à peu près de l'ensemble de ce petit budget, où l'on remarque des chapitres de 25 francs et même de 5 francs. Le surplus provient d'un droit de pêche du corail (lequel, sauf erreur, nous appartenait déjà avant la conquête), et des Postes qui sont établies en Algérie pour tous leurs services.

Indépendamment des contributions et revenus recouvrés pour le compte du Trésor, diverses taxes d'octroi et de patentes, et quelques redevances alimentent un service local, comme dans les départements de l'intérieur de la France.

RECETTES DES COLONIES

De la Martinique, de la Guadeloupe, de la Guyane française et de Bourbon.

C'est seulement depuis 1842, et en vertu de la loi de finances du 25 juin 1841, que les recettes et les dépenses des colonies figurent au budget de l'état, où n'apparaissaient auparavant que les subventions et services généraux à la charge de la métropole.

Les recettes se divisent en produits affectés au service général du budget (c'est-à-dire se fondant, comme tous les revenus publics de la France, dans une masse commune) et en recettes affectées au service local. (par analogie avec les *fonds départementaux* de la métropole.)

Le service général comprend les droits d'enregistrement, de timbre, de navigation et de douanes (à l'importation dans les colonies).		2,498,350
Le service local est alimenté par des droits, taxes et revenus divers s'élevant ensemble à.		3,495,650
Ensemble. . . .		5,994,000
Les diverses dépenses du service général (gouvernement colonial, administrations financières, justice, cultes, instruction publique, etc.), sont portées au ministère de la marine, pour. . . .	4,357,770	8,227,740
Et celles du service local (délégués, police, hôpitaux, bâtiments, etc.) sont de. .	3,869,970	
A la différence de. . . .		2,233,740

s'ajoutent les dépenses du service militaire, pour 7 millions. Mais en comparant ces dépenses aux recettes, il ne faut pas perdre de vue que les colonies, qui ne peuvent commercer qu'avec la France, sont un grand et productif débouché pour l'industrie de la métropole. On ne pourrait non plus, sans injustice, leur reprocher les charges, fussent-elles réelles, d'un régime qui leur est imposé.

BÉNÉFICES DE LA FABRICATION DES MONNAIES ET MÉDAILLES.

Les directeurs de la fabrication des monnaies prélèvent sur les matières qui leur sont versées pour être converties en espèces une retenue de 1 franc par 100 francs pour l'argent, et de 19 centimes 355/1,000 pour l'or. Cette retenue leur est allouée pour couvrir les frais de fabrication et les déchets, et elle s'augmente du remboursement de quelques autres frais de peu d'importance. Ils opèrent ainsi pour leur compte, mais sous la surveillance des agents du gouvernement. Le bénéfice revenant à l'état provient de la différence entre l'emploi des tolérances en faible et celui des tolérances en fort. Les espèces doivent être livrées par les directeurs au titre de 900 millièmes de fin, mais une très légère différence (2 millièmes pour l'or et 3 millièmes pour l'argent) est tolérée entre le titre qu'elles devraient exactement avoir (ce qu'il est difficile d'obtenir) et le degré de fin qu'elles ont effectivement : si les espèces fabriquées n'atteignent pas précisément le point fixé,

(900 millièmes), il y a tolérance en faible, il y a bénéfice ; mais il y a perte quand elles dépassent ce point, quand il y a tolérance en fort. Lorsque la fabrication s'écarte des faibles limites de ces tolérances, les espèces sont remises au creuset. — Il en est de même pour le poids.

Les bénéfices sur la fabrication des monnaies ont été évalués à.	20,100	70,100
Et ceux sur la vente des médailles et jetons, fabriqués pour le compte de l'état ou de particuliers, ont été présumés devoir s'élever à.	50,000	

Ce faible bénéfice disparaît devant les frais d'entretien des établissements monétaires et les dépenses d'appointements des divers agents de l'administration dans ces établissements (un peu plus de 300,000 fr.). La fabrication des monnaies est donc une charge pour l'état.

Les espèces d'or et d'argent fabriquées selon le système décimal ont été mises en circulation pour l'importance suivante jusqu'à la fin de 1841 :

	OR.	ARGENT.
Au type d'Hercule sous la république (pièces de 5 francs).	»	106,237,255
Au type de Napoléon.	528,024,440	887,830,055
— de Louis XVIII. . . .	389,333,060	614,830,110
— de Charles X.	52,918,920	632,511,321
— de Louis Philippe (y compris la ref. de 425 millions, espèces duodéc.	189,743,720	1,306,958,507
Total.	1,160,020,140	3,548,367,248
Total *à reporter*. . .	4,708,387,388	

Report.		4,708,387,388
Des pièces de six liards ont été fabriquées de 1726 à 1794 pour. . .	8,000,000	
Des pièces de 10 centimes à la lettre N.	3,286,932	52,877,202
D'autre billon et des monnaies de cuivre ont été mis en circulation à diverses époques pour (19 millions en métal de cloche).	41,590,270	
Total des espèces diverses en circulation. . .		4,761,264,590

Ces espèces ont été frappées dans 18 hôtels des monnaies, dont 5 appartenaient à des départements séparés de la France; 6 ont été supprimés à dater du 1er janvier 1838 ; 7 existent encore — Paris, Bordeaux, Lyon, Lille, Marseille, Rouen et Strasbourg.

PRODUITS DIVERS.

Produit de la rente de l'Inde et bénéfice résultant de la négociation des traites. — Cette rente (de 4 lacks de roupies) nous est payée annuellement par la Compagnie des Indes anglaises pour prix de notre abandon de la faculté d'exporter dans ses possessions des sels de Pondichéry et une quantité limitée d'opium. Elle a été stipulée par un traité du 7 mars 1815, et était abandonnée aux colonies, c'est-à-dire faisait directement les fonds de la subvention qui leur était allouée pour leur service intérieur avant que ce service (général et local) fût compris dans le budget de l'état.

Redevances des mines, 518,000 *fr.* — Elles se divisent en redevances fixes et annuelles, qui frappent sur les exploitations comme augmentation de la contribution directe, et en produits extraordinaires, qui sont des taxes imposées aux exploitations nouvelles.

Droit de vérification des poids et mesures, 1,000,000 *de fr.* — Cet impôt est en dehors des droits de pesage et de mesurage, perçus au profit des communes et établissements publics, en vertu de lois de l'an IX et de l'an X.

Produit de la taxe des brevets d'invention, de perfectionnement et d'importation, 600,000 *fr.* — Cette taxe varie selon que la durée des brevets demandés (jamais refusés pour ainsi dire) est de 5, 10 ou 15 années. Depuis l'établissement de ces brevets, en 1791, il en a été accordé 8,000 peut-être pour ce que l'on appelle invention, et 3,000 pour perfectionnement ou importation. La publication de ceux dont la durée est expirée, c'est-à-dire qui sont tombés dans le domaine public, est faite annuellement par le ministre du commerce, en trois volumes de texte descriptif et accompagné de tableaux.

Bénéfice de la Caisse des dépôts et consignations, 1,000,00 *de fr.* — La Caisse des dépôts et consignations est chargée de l'administration des fonds de divers services d'intérêt public, parmi lesquels figurent les caisses d'épargne, la Légion-d'Honneur, l'indemnité de Saint-Domingue, et les caisses des retraites des ministères et de divers établissements et administrations (les revenus et subventions appartenant à ces caisses de retraites lui sont versés, et elle paye les arrérages de pensions, à Paris, dans ses caisses, et les fait payer dans les départements par l'entremise des receveurs généraux, qui sont ses correspondants obligés). Elle est aussi dans certains cas dépositaire des fonds des communes. C'est à elle que sont versés les produits de successions vacantes et de celles de militaires. Elle reçoit des dépôts volontaires, ainsi que les consignations judiciaires et litigieuses. Elle consent des emprunts, mais sur dépôts de rentes ou de valeurs certaines. Elle est propriétaire de plus de 9,800,000 fr. de rentes 5, 4 1/2, 4 et 3 p. 0/0, et d'actions de divers canaux ; elle verse au Trésor ses fonds disponibles et en retire un intérêt de 3 p. 0/0 sur ses versements ordinaires, 4 p. 0/0 lorsque ces fonds proviennent de versements des caisses d'épargne. Enfin, lorsqu'elle rembourse les versements qui lui ont été faits à différents titres, elle retient un certain nombre de jours d'intérêts, pour lui tenir lieu de commission. Aussi le résultat de sa gestion présente-t-il toujours des bénéfices.

Une seule fois avant la révolution de juillet, en 1824, le Trésor a prélevé une somme de 6 millions sur les bénéfices de la Caisse des dépôts et consignations. Cette application aux besoins publics des richesses surabondantes de la Caisse des dépôts est une mesure sage et bonne lorsqu'elle n'est qu'accidentelle. Mais depuis 1831, on lui prend périodiquement ses richesses, qui cessent alors d'être surabondantes; on les met dans les prévisions de recettes du budget de l'état. Ces prélèvements continus faussent l'esprit de la loi, qui, en instituant la Caisse des dépôts, a voulu qu'elle fût complétement indépendante du Trésor public, et en dehors de ses vicissitudes. Les bénéfices de cet établissement, ou au moins leur plus grande part, sont la réserve indispensable qu'il doit avoir pour les moments difficiles, pour les pertes possibles : ils sont le gage de sa puissance, le complément de la sécurité que sont en droit d'exiger les dépositaires forcés et même les créanciers volontaires.

Le comité de haute surveillance institué auprès de cette caisse proteste chaque année, dans son rapport, contre cette saisie de tous les bénéfices de la Caisse, mais ses protestations sont et demeureront vaines : cependant le service des caisses d'épargne, par exemple, peut amener des ventes forcées de rentes, et par conséquent, de grandes pertes pour cette caisse.

Pensions des élèves des écoles militaires et de l'école navale de Brest, 956,200 *fr.* — Les diverses écoles militaires sont[1] :

L'école Polytechnique[2], où sont entretenus 300 élèves, dont 24 boursiers.

[1] C'est dans les quatre premières de ces écoles seulement que les élèves ont à payer des pensions ou autres frais. — Il ne faut comprendre sous la dénomination d'élèves boursiers que ceux qui ont des *bourses royales*: d'autres élèves jouissent aussi de cet avantage, qui leur est accordé par leurs villes, leurs départements, etc.

[2] Comme tout le monde le sait, ce n'est qu'après concours et exa-

L'école de Saint-Cyr[1], 600 élèves, 60 bourses et 100 demi-bourses.

Le collége militaire de la Flèche[2], 500 bourses et 100 demi-bourses.

L'école de cavalerie de Saumur[3], 500 cavaliers, officiers et soldats et 200 trompettes et maréchaux ferrants.

Pour compléter l'indication des diverses écoles militaires, il faut citer :

L'école spéciale d'État-Major à Paris[4], 50 élèves.

mens que les élèves sont admis à cette école, et placés selon leur mérite ou leur choix dans les constructions maritimes, les ponts et chaussées, les mines, le génie, l'artillerie, l'administration des tabacs, l'état-major.

[1] On n'y entre également qu'après examen, pour en sortir avec le grade de sous-lieutenant dans l'armée (les armes spéciales exceptées), ou seulement de sous-officier si l'examen de sortie n'a pas été satisfaisant.

[2] Ce collége a été créé pour les enfants d'officiers peu fortunés. Les élèves n'y sont admis que de 10 à 12 ans et sortent à 18 : 58 bourses leur sont réservées au collége de Saint-Cyr. Indépendamment du nombre de 400 indiqué, le collége reçoit d'autres élèves, mais à leurs frais.

[3] Une grande partie des instructeurs que cette école est destinée à former est tirée des régiments où ils retournent, après leur instruction parachevée. D'autres sont admis en souscrivant un engagement militaire ; ils payent alors une première mise. D'autres enfin sortent de Saint-Cyr. Les élèves sont distingués à Saumur en sous-lieutenants, cavaliers, trompettes et maréchaux ferrants. On y appelle aussi comme lieutenants d'instruction un lieutenant de chacun des régiments de cavalerie, d'artillerie et des équipages militaires.

[4] Le nombre des élèves de cette école est fixé à 50, choisis après examen dans l'école Polytechnique (3), dans celle de Saint-Cyr (25) et parmi les sous-lieutenants de l'armée âgés de moins de 25 ans (22).

L'école d'Application de l'artillerie et du génie à Metz [1], où sont entretenus 150 élèves, — 105 pour l'artillerie et 45 pour le génie.

Les gymnases militaires [2], 200 élèves.

Les écoles régimentaires de l'infanterie et de la cavalerie établies dans chaque régiment.

Les autres recettes comprises parmi les *produits divers* sont les ventes de *cartes des dépots de la guerre et de la marine;* les *compensations de valeurs* et d'objets donnés en paiement de dépenses; *la valeur*, au prix de revient porté en dépense au ministère de la guerre, *des poudres* livrées par l'administration des poudres et salpêtres à la guerre et à la marine, pour être employées par ces ministères, et au ministère des finances pour être vendues; les *reversements de fonds* généraux non employés et autres recettes et produits prévus ou accidentels.

Le dixième dit *de guerre* est ajouté au principal, en matière d'enregistrement, d'amendes, de douanes, de navigation et de plusieurs contributions indirectes. Ce dixième n'a été d'abord qu'une *subvention extraor-*

[1] Ils sortent de l'école Polytechnique, et leur classement dans le génie ou dans l'artillerie n'est définitif qu'après le dernier examen passé à Metz.

[2] Les gymnases sont organisés pour enseigner les exercices à 200 militaires qui se renouvellent tous les trois mois. Indépendamment des élèves qu'il reçoit comme les autres gymnases divisionnaires, le gymnase normal de Paris est appelé à former des professeurs pour ceux d'Arras, Lyon, Montpellier, Rennes, Toulouse et Strasbourg.

dinaire de guerre pour l'an VII ; mais de même qu'à l'égard d'une élévation de divers droits, prescrite en 1816, pour être *perçue jusqu'à ce que l'acquittement des charges extraordinaires soit terminé*, les budgets ont successivement maintenu ces augmentations de l'impôt... Quand une fois les tenailles du Trésor ont saisi quelque chose, ce quelque chose est saisi pour toujours.

Quelques lecteurs, parmi ceux qui seront arrivés jusqu'ici, pourront croire, parce qu'ils ont passé en revue une ingénieuse et brillante variété d'impôts et de produits, qu'ils connaissent, au moins par les titres principaux des chapitres, les impôts que paye notre riche et belle France....—Non : beaucoup d'impôts restent en dehors de ceux qui constituent le budget ; ce sont les droits d'octroi perçus à l'entrée des villes (et dont le budget n'a que le dixième) ; les taxes locales de pesage, mesurage, jaugeage et pavage ; les droits de grande et de petite voirie, de vente dans les halles et marchés, et de stationnement sur une voie publique quelconque ; les frais de mariage et enterrement ; le dixième des billets d'entrée dans les spectacles et concerts, et le quart de la recette brute dans les autres lieux de réunion et de fête, y compris les guinguettes [1] ; les corvées en nature pour chemins vicinaux ; les frais *indirects* des procès ;

[1] Ce surcroît du prix des places est perçu en faveur des hôpitaux, et il est bien à un point de vue général de prendre sur le superflu de quelques uns pour subventionner les établissements des pauvres. Ce produit est d'une importance de 7 à 800 mille francs pour *les*

et l'impôt du recrutement ; et celui de la garde nationale ; et ceux des salaires des conservateurs des hypothèques qui ne figurent pas dans les budgets ; et ce que la non-concurrence ajoute aux honoraires et

hospices de Paris, qui sont formés de plusieurs hôpitaux et établissements particuliers, et qui jouissent de 10 à 12 millions de revenus, sur lesquels il n'y aurait lieu de faire aucune observation, si d'effroyables abus n'avaient été signalés. — Mais ce n'est pas ici l'occasion d'en parler.

On sait qu'une portion de la succession Monthion a augmenté les richesses des hospices de Paris pour une somme considérable : mais cette fondation n'a pas eu, de même que quelques autres, les résultats que son pieux auteur espérait.

M. de Monthion émigra en 1789 ou 90, possesseur déjà d'une fortune considérable qu'il accrut à l'étranger, et qu'il légua principalement aux hospices, à l'Académie des Sciences et à l'Académie française.

Depuis son legs, chaque malade reçoit, en quittant l'hospice, un secours qui est quelquefois de 10 francs, et qui peut s'élever jusqu'à 50 ; eh bien, l'on a divisé en deux périodes, de dix années chacune, les registres d'admission à l'hôpital, et l'on a acquis la preuve que dans les dix années qui ont suivi la fondation, le nombre des malades a surpassé de près de 14,000 celui des admissions pendant la période antérieure. On en a conclu, après enquêtes et recherches certaines, qu'on avait été dupe du calcul et de la fainéantise de misérables qui simulent ou se forgent des maladies, et l'on a reconnu alors que le legs Monthion avait causé à l'administration des hospices un surcroît de dépense de plus de 1,600,000 francs. D'un autre côté, la marche progressive des connaissances scientifiques a rendu vaines quelques unes des questions indiquées *à perpétuité* comme sujets des prix annuels décernés par l'Académie des Sciences. Il arrivera donc que la force des choses fera abroger législativement ou tacitement quelques unes des dispositions réglementaires du testament de M. de Monthion.

L'objet des prix distribués par les deux académies est approprié à la nature des travaux de chacune d'elles, à l'exception des prix et accessits de vertu, qui ne rentrent pas absolument dans les attributions de l'Académie française. Mais M. de Monthion ayant créé ces prix, il a

courtages des officiers ministériels ; et ce que perd le public dans quelques unes des spéculations que certains de ces officiers font *forcément* pour récupérer le prix de leurs charges ; etc., etc. [1]

dû charger du soin de les décerner un corps indépendant (autant que possible), et surtout honorable sans contestation ; et le fondateur, qui a peut-être longtemps hésité, a fait, en définitive, un choix plus heureux que ne l'a été la distribution de sa fortune.

Voici l'importance de ses trois legs principaux.

Biens et valeurs en France.		3,226,358
Id. à l'étranger.	en Amérique.	605,364
	en Angleterre.	2,562,501
	dans divers autres pays.	795,487
		7,189,710
A déduire, pour charges diverses et frais de gestion,		714,614
		6,475,096

	Rentes achetées 5 et 3 0/0	Capitaux employés.
L'Académie française a été dotée de.	42,896	802,800
L'Académie des Sciences, de.	42,896	802,800
Et les hospices de.	258,170	4,832,865
Argent comptant dévolu aux trois institutions.	»	36,631
	343,962	6,475,096

[1] Le dépôt des cannes et parapluies dans les établissements publics. Ce que le vulgaire (mal-appris) appelle *tour de bâton* *, se résumant en profits pour quelques uns et en défaveurs ou en impôts pour quelques autres, etc., etc.

* Il ne faut pas confondre le *tour de bâton* avec le *pot-de-vin* : ce dernier, malgré son importance, n'est qu'un rameau de la grande famille du tour de bâton ; et découlant toujours d'une fourniture, d'une adjudication, il est toujours implicitement compris parmi divers services du budget. — Le tour de bâton embrasse un nombre infini de variétés, grandes et petites, vivant nécessairement sur le public, mais souvent en dehors du budget : comme les surveillances imparfaites, les protections d'entreprises et de personnes, les confidences diverses et les nouvelles pour la Bourse, les objets perdus, les préférences de famille, etc.

DÉPENSES.

DETTE PUBLIQUE.

Comme des éclaircissements et explications sur la dette publique forment l'objet principal de ce livre, il n'y aurait pas lieu de s'y arrêter ici, s'il n'y avait nécessité d'ajouter quelque chose à ce qui a été dit au sujet des *intérêts, primes et amortissement des emprunts contractés en* 1821 *et* 1822 *pour l'exécution de divers canaux.*

On lit page 67 :

«.... Le projet de loi (présenté en 1841) n'a pas été discuté.

« Il en sera probablement de même de celui qui « est actuellement soumis à une commission de la « chambre... à moins, cependant, que ce que l'on « appelle les droits acquis ne reçoive ce que l'on « appelle encore une juste, c'est-à-dire, une immense « satisfaction... On a parlé d'une indemnité de 26 mil- « lions; mais ce chiffre semble bien arbitraire, bien « peu élevé. »

Le projet de loi *a été voté* le 29 mars dernier, et voici un extrait de la discussion qui a précédé un vote qui n'est certainement pas en opposition avec les prévisions indiquées en la page 67 :

Article 2. « Le prix du rachat des actions sera fixé « par une commission spéciale, instituée pour chaque « compagnie par une ordonnance royale, et composée « de neuf membres, dont trois seront designés par le « ministre des finances, trois par les compagnies, et « trois par la cour royale de Paris. »

M. Dupin.

« La commission voulait réserver au conseil d'état le recours pour excès de pouvoir ; j'aime mieux réserver aux chambres le recours pour excès d'argent. »

M. Lanyer, à la tribune.

« L'honorable M. Dalloz vous disait tout à l'heure quelles difficultés existeraient pour les experts dans l'appréciation de la dépense, qui pourra s'élever à 30, peut-être même à 40, 50 millions.

..... « Voici comment s'exprime le rapport : « Il est « entendu que la demande de crédit sera faite comme « pour le paiement d'une dette, et sans qu'il soit permis « de rechercher si l'indemnité allouée a été bien ou « mal appréciée. »

« La chambre porterait atteinte à son droit si elle donnait son assentiment à une semblable réserve.

« Le système du projet était plus complet l'année dernière. Le ministre était autorisé à racheter à *l'amiable* les actions de jouissance. A défaut de rachat à l'amiable, le prix de rachat était fixé par une *commission spéciale* ; une loi était nécessaire pour apprécier la destination et la limite du crédit. Aujourd'hui on nous propose d'abandonner le pouvoir souverain à des juges experts, et de faire de la chambre des députés une simple chambre d'enregistrement. Cela n'est pas possible. »

M. Dupin.

« Si un pareil pouvoir était donné à ces commissions, nous entrerions dans une voie déplorable, et les finances de l'état pourraient être compromises.

«..... Ne peut-on pas supposer que des hommes appelés à décider sur de si graves intérêts pourraient recevoir des compagnies des actions qui les intéresseraient au résultat de ces liquidations; et, de cette sorte, vous auriez des arbitres actionnaires, ayant leur fortune entre leur habit[1] et leur conscience : quelles garanties d'indépendance pourraient-elles vous offrir?

« Je ne saurais trop appeler l'attention sérieuse de la chambre sur des opérations qui pourraient peut-être entraîner le Trésor dans une dépense de 50 ou 60 millions. »

Le ministre des finances :

« Je ne comprends pas, messieurs, que dans une af-

[1] Le compte rendu d'une partie de cette intéressante séance est extrait de celui donné par le *Journal des Débats*. Le seul changement qui y ait été fait consiste dans la substitution du mot *habit* à celui d'*avis* que le *Journal des Débats* avait entendu. Mais tous les autres journaux emploient bien le mot si heureux et si pittoresque *habit*... « des arbitres ayant leur fortune entre leur habit et leur conscience, » c'est-à-dire dans leur portefeuille. Le mot a été même relevé le lendemain par un honorable membre, qui sans doute était absent la veille pour élever sa protestation tardive en faveur des futurs arbitres.

faire dont personne ne peut prévoir le résultat définitif, on vienne vous parler d'une dépense de 40, 50 ou 60 millions. Il est impossible de présenter un tel chiffre en l'absence de tout document. Une telle assertion est imprudente. Je ne crains pas de la qualifier ainsi. »

La loi sur le rachat des actions de jouissance a donc été votée dans la séance du 29 mars dernier.

Le mode de ce rachat sera le paiement, pendant 30 ans, d'annuités composées chacune du fonds de l'amortissement nécessaire, et de l'intérêt à 4 p. 0/0 du capital fixé pour l'indemnité allouée.—4 p. 0/0 à *intérêts composés* feront 5 fr. 78 1/3, pour employer le chiffre officiel qui a été indiqué, et en prenant les chiffres *imprudemment* avancés par M. Dupin, d'après un ou plusieurs membres de la commission, il est facile de calculer ce que pourra coûter le rachat.

Mais ces chiffres ne sont point définitifs, et il faut espérer que si, d'après *les documents* qui seront *établis* sans doute et fournis *plus tard*, ils venaient à s'élever, ou seulement s'ils conservaient cette déplorable importance, la loi votée serait considérée comme non avenue, ainsi qu'une de ses dispositions (l'une des meilleures) en établit la prévision.

Il n'y avait donc pas lieu de substituer des faits actuels à des observations antérieures.

Encore une observation : le montant total de la dette publique est pour le budget présenté par le ministre des finances de 560 millions, et dans le tableau, page 18, il s'élève à 561 millions. La différence d'un million résulte de plusieurs différences partielles qui se compensent entre elles, jusqu'à ce chiffre : ainsi *le budget* met dans les prévisions de dépenses pour 1843 le montant des rentes qui seront données à la Caisse d'amortissement, et *le tableau*, page 18, ne constate que les inscriptions actuelles. Le fonds de subvention aux caisses des retraites des employés comprend ici la masse des fonds donnés aux caisses de *tous les ministères*; mais le budget porte aux dépenses de chacun des départements ministériels la subvention qui lui est propre, et ne fait figurer à la dette publique que la subvention aux caisses des retraites des employés des finances. Quelques autres différences se font remarquer dans les chiffres de quelques unes des autres pensions. (Il en est de même pour les frais de régie, qui sont ici augmentés des remises et taxations des receveurs des finances, et que le budget comprend dans les services particuliers du ministère des finances, etc.)

DOTATIONS.

LISTE CIVILE.

. . . .

. . . .

Lorsque le roi eut cessé d'être maître et seigneur de toutes choses, que *ses* revenus furent en partie repris par l'Assemblée Nationale au profit du pays, et que divers de ses droits et *domaines utiles* furent *supprimés*, comme incompatibles avec le principe de la souveraineté nationale, Louis XVI demanda 25 millions de *liste civile;* et cette fixation fut décrétée sur-le-champ (5 juin 1790).

La liste civile de l'empereur était de 25 millions, ainsi que celle de Louis XVIII et de Charles X (indépendamment de la dotation des princes de leur famille).

On sait qu'elle est actuellement de 12 millions, et que la dotation du duc d'Orléans est de 2 millions.....

Dépenses de la Chambre des Députés et de la Chambre des Pairs, 1,464,000 *fr.*

Légion-d'Honneur. — Supplément à sa dotation, 528,000 fr. — Les ressources et les revenus de la Légion-d'Honneur se trouvant fort réduits en 1814, et tout à coup en disproportion avec ses besoins, les membres subirent une réduction de moitié sur leur traitement jusqu'à la loi du 6 juillet 1820, qui affecta une somme de 3,400,000 fr. au rétablissement du traitement de *légionnaire* à son taux primitif de 250 fr. Le traitement des autres membres devait être et fut reporté à son importance première par suite des extinctions dans tous les grades. La même loi statuait que lorsque tous les traitements auraient été ainsi rétablis, les extinctions ultérieures réduiraient d'autant la subvention.

C'est en 1830 seulement que le rétablissement des taux anciens a été complet, et c'est aussi depuis cette époque que la subvention a été successivement réduite, par suite des extinctions, au chiffre actuel de 528,000 fr., qui se réduira encore, pour disparaître.

Les sous-officiers et soldats actuellement promus ont seuls un traitement de 250 fr., qui a été alloué par la loi du 19 avril 1832 aux légionnaires de ce grade dans l'armée qui avaient été nommés par l'empereur à diverses époques de 1815, et dont la promotion n'a été validée par des ordonnances royales que postérieurement à la révolution de juillet.

La Légion-d'Honneur a un budget à part, dont les ressources s'élèvent à 7 millions formés de rentes sur le grand livre, et de revenus de domaines et actions de canaux (plus 94,000 fr. pour les pensions d'élèves de Saint-Denis qui ne sont pas admises dans cet établissement gratuitement, et pour indemnité du trousseau fourni à toutes les élèves). — Les dépenses comprennent le paiement des traitements actuels (6,300,000 fr.), les frais de la maison d'éducation de Saint-Denis et de ses deux succursales, etc.

MINISTÈRE DE LA JUSTICE ET DES CULTES.[1]

JUSTICE.

61 conseillers d'état, maîtres des requêtes et un secrétaire général.

61 *à reporter.*

[1] Il faudrait faire *un volume* pour donner des développements satisfaisants et des éclaircissements sur les divers services des ministères. Une nomenclature est chose bien sèche, mais quelquefois cependant elle présente de l'intérêt.

61 *report.*

57 magistrats de la cour de cassation (conseillers 15,000 fr.)

811 premiers présidents, présidents, conseillers et greffiers en chef des 27 cours royales : Paris (premier président et procureur général 24,000 fr.; conseillers, 8,000 fr.), Bordeaux, Lyon, Rouen et Toulouse forment les trois premières classes ; Agen, Aix, Amiens, Angers, Bastia, Besançon, Bourges, Caen, Colmar, Dijon, Douai, Grenoble, Limoges, Metz, Montpellier, Nancy, Nîmes, Orléans, Pau, Poitiers, Rennes et Riom forment la quatrième classe (premier président et procureur général, 12,000 fr.; conseillers, 3,000 fr.)

157 procureurs généraux, avocats généraux et substituts.

1,287 présidents, vice-présidents et juges des 361 tribunaux de première instance (divisés en six classes. Dans les cinquième et sixième, le traitement est de 1,800 et 1,500 fr.).

385 juges d'instruction (un par tribunal, excepté Paris 8, et quelques autres 2).

832 procureurs du roi et substituts.

3,529 magistrats, y compris les greffiers en chef des cours royales.

220 tribunaux de commerce.

2,846 juges de paix.

101 employés de l'administration centrale (319,000 fr.).

4,026 {
- 124 commis greffiers assermentés de cours royales.
- 836 greffiers et commis assermentés des tribunaux de première instance.
- 220 greffiers de tribunaux de commerce.
- 2,846 greffiers de justices de paix.

CULTES.

15 {
- 1 archevêque à Paris, 40,000 fr. (proposé), aujourd'hui 25,000 fr.
- 14 archevêques à 15,000 fr.

65 évêques à 10,000 fr.

80 *à reporter.*

80 *de report.*

10,000 fr. de supplément à trois prélats cardinaux (Rouen, Lyon, Arras).

1,000 fr. pour frais de visite diocésaine (1,500 fr. pour les évêchés composés de deux départements, 1,000 aux autres).

10,000 et 8,000 fr. de frais de premier établissement pour les archevêques et évêques.

175 vicaires généraux, 2,000 fr. aux évêchés; 3,000 fr. aux archevêchés; 4,000 fr. à Paris.

661 chanoines à 1,500 fr. Paris, 2,400 fr.

3,301 curés de 12 à 1,500 fr.

26,000 desservants. Au dessous de 60 ans, 800 fr.; de 60 à 70 ans, 900 fr.; les septuagénaires, 1,000 fr.

27,600 cures sont établies ou autorisées.

5,776 vicaires avec indemnité de 350 fr. (6,276 sont autorisés).

21 chanoines-évêques à 8,000 fr., dignitaires et chanoines de second ordre du chapitre de Saint-Denis.

36,014 ecclésiastiques.

3,000 séminaristes.

---

427 réformés.

234 luthériens.

---

661 ministres protestants au traitement de 1,200 à 2,000 fr.; à Paris, 3,000.

2 séminaires protestants à Montauban et à Strasbourg.

---

103 rabbins.—96 communaux de 300 à 800. 7 grands rabbins des consistoires de Marseille, Colmar, Nancy, Bordeaux, Strasbourg, Metz, à 3,000 fr.; Paris, consistoire central, 6,000 fr.

---

52 employés (166,000 fr.).

Les traitements des évêques et archevêques sont augmentés de diverses allocations supplémentaires prises sur les fonds départementaux. Ils le sont, en outre, de la valeur que représente la jouissance gratuite d'un hôtel meublé. Leur taux actuel est celui qui fut fixé par la loi du 18 germinal an x. Avant 1830, ces traitements étaient de 15 et 25,000 fr.

Les desservants ont, il faut le reconnaître, un traitement qui n'est point toujours proportionné au bien que leurs vœux, leur devoir et leur mission les obligeraient à faire. Les habitants de la campagne tiennent à l'argent, qui leur coûte tant à gagner, et ils sont peu disposés à écouter l'homme-prêtre, quand l'homme subit une gêne qu'ils sont appelés à effacer en partie par le paiement d'un casuel sollicité. Le prêtre est le seul homme qui prêche la morale dans un village ; il y mêle souvent des descriptions d'enfer, trop souvent des matières étrangères à son sujet ; mais quel que soit son prône, la vertu y est toujours distinguée du péché, et beaucoup de péchés devant l'église sont des vices et des délits devant la société.

Le traitement des divers ministres protestants est plus modique encore, car beaucoup d'entre eux habitent les villes, et tous les actes de leur ministère, tous sans exception, se font gratuitement.

Plus mince encore est ce qu'on ne peut appeler le traitement des rabbins : sur 105 salariés, 51 n'ont que 300 fr., 17 ont 400 fr., 3 ont 500 fr., 11 ont 600 fr., etc.

Ce n'est que depuis le 1er janvier 1831, et en vertu de la loi du 8 février de la même année, que le culte israélite figure au budget de l'état. En salariant ce culte comme les cultes chrétiens, la révolution de juillet a clos la dernière période de l'affranchissement des Juifs et fait disparaître légalement les dernières traces de l'abaissement où ils furent trop longtemps soumis. Quelques personnes peut-être conservent encore contre eux un vieux reste de préjugé qui disparaîtra tout à fait, qui mourra comme les honteux proverbes qui disent les Normands plus que fins, et les Lorrains vilains. Les Israélites ont été longtemps asservis, humiliés, persécutés. A une époque, déjà ancienne à la vérité, ils étaient massacrés comme en coupe réglée. Les grands et les petits en faisaient une horrible tuerie; les uns pour payer leurs dettes, les autres pour piller, ou par religieuse sauvagerie. On semblait n'en épargner, n'en laisser quelques uns que pour leur faire payer le droit de vivre, et pour reproduire une misérable espèce qu'on massacrait encore. Jusqu'au siècle actuel, ils ne pouvaient posséder de propriétés, aussi ne se livraient-ils qu'au commerce de l'argent et au brocantage; et comme c'était pain béni de les tromper, ils nous rendaient la pareille. — Leurs habitudes, leur caractère, leur valeur morale se sont élevés de toute la hauteur où la première révolution les a placés, avec d'autres, par son affranchissement et son nivellement général. Que seraient bien des gens aujourd'hui s'il y avait encore des serfs et des vilains!

Depuis quelque temps, des plaintes, des discussions, des prétentions [1], des *dénonciations* de toute nature,

[1] « A cette première mesure (l'indemnité aux anciens propriétaires dépossédés), M. de Villèle comptait en ajouter une autre, dont l'adoption de son projet de loi sur la conversion des rentes eût faci-

viennent se mêler (fort imprudemment, fort injustement de la part de ceux qui les élèvent) à nos agitations politiques.

Sur un énorme budget de 37,500,000 fr., le culte catholique est doté de 36 millions... (y compris les secours, bourses des séminaires et l'entretien des édifices diocésains), 1,500,000 fr. de plus qu'au budget de 1829 ! Une somme égale à celle du dernier budget (1830) d'un gouvernement qui avait mis le trône sur l'autel..., et l'autel sur le trône !

AFFAIRES ÉTRANGÈRES.

12 ambassadeurs. — Londres, Saint-Pétersbourg, 300,000 francs; Vienne, 200,000 fr.; Madrid, 150,000fr.; Rome, 120,000 fr.; Constantinople, 100,000 fr.; Turin, Parme, Gênes, 85,000 fr.; Naples, 75,000 fr.; Bruxelles, 60,000 fr.; Berne, 50,000 fr.

12 *à reporter.*

lité l'exécution. Il ne s'agissait de rien moins que d'assurer au clergé, à titre de *dotation permanente*, le capital des 40 millions qui lui étaient alloués annuellement à titre de *salaire*. Une assemblée du clergé eût administré ce capital et en eût réparti le revenu. Ainsi eût été réparée, autant que les circonstances le permettaient, une autre grande injustice; ainsi, la France catholique, dont M. de Villèle avait déjà si bien mérité, lui eût été redevable d'un second et inappréciable bienfait. Il est utile de raviver ces souvenirs, et *le projet de dotation conçu par l'illustre ministre de Charles X peut être proposé avec avantage à tous les gouvernements.* » (*L'Ami de la Religion*, avril 1841.)

Le clergé français ne reçoit de l'état ni salaire, ni rien qui ressemble à un salaire; mais l'état paye au clergé une rente en dédommagement des biens *volés* au clergé pendant la révolution, et ainsi que l'état s'est expressément obligé à le faire par le concordat. (*L'Universel*, mars 1842.)

12 *de report.*

21 ministres plénipotentiaires de 25,000, à 100,000 fr. (Berlin).
2 chargés d'affaires.
33 secrétaires d'ambassade de 5,000 à 10,000 fr.
15 attachés de 3,000 à 4,000 fr.

83 Total des agents diplomatiques [1].
23 consuls généraux de 15,000 à 45,000 fr. (Alexandrie, 36,000 fr.).
30 consuls de première classe de 12,000 à 40,000 fr. (Canton (proposé) 40,000 fr.).
54 consuls de deuxième classe de 8,000 à 17,000 fr.
44 drogmans et agents (et 10 chanceliers ayant un traitement sur le budget) ; les autres sont payés sur les divers droits et revenus perçus dans les consulats.
15 élèves consuls.

249 et 73 employés de l'administration centrale (360,000 fr.).

INSTRUCTION PUBLIQUE.

Services généraux et administration académique.

129 employés du ministère (292,000 fr.).
8 conseillers de l'Université à 10,000fr.

[1] Les mots *diplomate*, *diplomatie* font trouver bien juste la phrase citée dans Boiste, au mot *étymologie*. « L'étymologie est comme le son des cloches auxquelles on fait dire tout ce qu'on veut. » En effet—celle de *diplomate*, *diplomatie* est sans doute tirée du grec *diplôma*, dont la racine est *diploos*, qui signifie *double*, plus grand du double ; et au figuré, rusé, fourbe ; et *diplôma* se traduit par : vase à double fond ; diplôme acte double dont l'original reste dans les archives ; mais si (sans qu'il soit besoin de savoir le grec) l'on continue à chercher des mots, et si l'on ajoute à la racine *diploos*, double, le mot *matos*, recherche, on obtient un autre sens ; —un autre encore, si on applique le mot *mataô*, je perds mon temps, je suis musard, — un autre, si on préfère *matên*, faussement, inutilement, — puis un autre, en ajoutant toujours à *diploos* le mot *matia*, vanité, légèreté, ineptie.

12 inspecteurs généraux à 6,000 fr. et égale somme pour frais de tournée.
26 recteurs d'académie de 6,000 à 7,200 fr.
61 inspecteurs d'académie de 3,000 à 4,000 fr.
200 inspecteurs et sous-inspecteurs des écoles primaires de 1,200 à 3,000 fr.
26 secrétaires d'académie:

FACULTÉS (les doyens ont un préciput de 1,000 à 2,000 fr., et tous les professeurs des indemnités de présence aux examens et autres droits.
38 professeurs de théologie catholique à 3,000 fr. Paris, 4,500 fr.
13 — de théologie protestante *id.*
76 — de droit à Paris, 5,400 fr.: Aix, Caen, Dijon, Grenoble, Poitiers, Rennes, Strasbourg et Toulouse, 3,000 fr.
27 suppléants 1,000 fr.
54 professeurs de médecine, à Paris, 7,000 fr.; à Montpellier, 5,000; à Strasbourg 4,800; les agrégés, un tiers de ces traitements.
69 professeurs de facultés des sciences 4,000 et 5,000.
58 — de facultés des lettres, *id.*
20 directeurs, professeurs et adjoints des écoles de pharmacie de Paris, Montpellier et Strasbourg, de 1,500 à 4,000 fr.
secrétaires des facultés.

INSTRUCTION SECONDAIRE.

5 colléges royaux à Paris.
6 de première classe: Bordeaux, Lyon, Marseille, Rouen, Strasbourg, Versailles.
19 de deuxième classe.
18 de troisième classe.

De grands développements ont été donnés à l'instruction secondaire depuis la révolution de juillet; on compte encore huit années d'*études* dans les colléges; mais l'enseignement et les leçons sont mieux répartis et comprennent une plus grande et plus rationelle variété de connaissances. Au lieu de deux langues *savantes* dont les élèves étaient frottés jadis, ils apprennent aujourd'hui le français, l'allemand, l'anglais, et même la tenue des livres, la législation commerciale, etc.

Il est accordé aux colléges royaux une subvention annuelle (ajoutée au produit des pensions des élèves, produit distribué entre les professeurs, proviseurs, censeurs) qui permet d'entretenir ces établissements à l'état de *type*, et les met à l'abri des vicissitudes subies par les colléges communaux. Ces derniers, livrés aux seules ressources locales, ne peuvent suivre que de très loin les progrès des établissements qu'on leur offre comme modèles. Ils sont défectueux parce qu'on les délaisse, et on les délaisse parce qu'ils sont défectueux. Ne pourrait-on leur fournir quelque subvention?

INSTITUT.

L'indemnité de chacun des membres est de 1,500 francs; celui des secrétaires perpétuels de 6,000; et en outre des droits de présence, d'autres indemnités sont distribuées pour différents travaux.

40 membres de l'Académie française.
40 — des inscriptions et belles-lettres.
65 — des sciences.
40 — des beaux-arts.
30 — des sciences morales et politiques.

INSTRUCTION PRIMAIRE.

L'instruction primaire n'a été longtemps qu'un imperceptible paragraphe (15 à 20,000 fr.) de chapitre, dans les budgets de la Restauration. Cependant, en 1829, sa dépense est arrivée à 100,000 francs, et en proposant de l'élever à 500,000, le ministre de l'instruction publique[1] mettait dans son projet de budget de 1830 le germe qui fut heureusement fécondé par la révolution de juillet et par la loi du 28 juin 1833.

Cette loi prescrit à chaque commune, à certaines villes et à chaque chef-lieu de département l'entretien d'écoles primaires *élémentaires*, *supérieures* et *normales*; et, dominant par avance le mauvais vouloir ou l'indifférence, elle impose d'office une contribution additionnelle spéciale, qui est aujourd'hui de. . . .	7,879,000
A cette somme est ajoutée, sur les fonds généraux, une subvention à des insuffisances locales, s'élèvant à. .	2,100,000
Total. . . .	9,979,000

Le nombre des communes est en France de.	37,295
Et d'après le dernier rapport du ministre (novembre 1841), celui des communes qui sont pourvues d'écoles élémentaires est de.	33,099
	4,196
Les communes non pourvues d'écoles étaient, en 1829, de.	14,230
Augmentation obtenue. . .	10,034

	FILLES.	GARÇONS.
On compte dans les écoles communales, publiques et privées, dirigées par des instituteurs .	444,356	1,607,013
Par des institutrices.	795,916	34,394
	1,240,272	1,641,407

Ensemble.	2,881,679
Le nombre de ces enfants n'était en 1829 que de. .	1,969,340
Augmentation. . . .	1,912,339

[1] M. Vatismenil. (Voir son *exposé des motifs*.)

Les écoles primaires supérieures et normales présentent des résultats également satisfaisants. Néanmoins, ils seraient plus satisfaisants encore pour toutes les branches de l'instruction primaire, si les traitements dérisoires [1] (quelques centaines de francs) des divers instituteurs étaient augmentés.

Le ministère de l'instruction publique souscrit aux ouvrages qui lui paraissent dignes de son intérêt et de sa protection[1]; il accepte le patronage onéreux de publications utiles ; accorde des indemnités et des encouragements fixes, annuels ou temporaires, à des sociétés savantes, à des hommes qui s'occupent de quelque grand ouvrage, à des jeunes gens pauvres et méritants, à des vieillards qui ont publié des travaux utiles, à des veuves, etc. Ces dépenses s'élèvent à 5 ou 600 mille francs.

Il centralise aussi les résultats d'une grande entreprise conçue en 1833, et qui a pour objet de rechercher, coordonner et publier les documents qui se rattachent à notre histoire nationale.

Il a encore parmi ses services *l'Ecole normale*, fondée à l'époque de la réorganisation de l'Université, en

[1] C'est une injustice que de ne pas donner de quoi vivre honorablement à des hommes honorables dont le dévouement est de tous les instants, et desquels est exigée une grande variété de connaissances solides, surtout pour *l'instruction supérieure primaire*.

Il y a de bien choquantes inégalités dans ce ministère de cumul, de luxe et de misère.

1808, pour former des professeurs) supprimée en 1821, puis rétablie sous une forme viciée en 1826, et réorganisée le 8 août 1850).

Les *bibliothèques* (555,000 fr.). — Bibliothèque royale, de l'Arsenal, Mazarine, Sainte-Geneviève. — 93 conservateurs, bibliothécaires et employés à 6,000, 4,000, 2,000 et 1,000 fr.

Le Collége de France. — 27 professeurs (à 5,000 fr.) d'archéologie, d'histoire naturelle, de médecine, de chimie, de langues et de littérature grecques, sanskrites, arabes, etc.

Le Muséum d'histoire naturelle. — 15 professeurs d'histoire naturelle à 5,000 fr..

Le Bureau des Longitudes. — Il publie, à l'usage des navigateurs, la connaissance des temps ou mouvements célestes, etc. 15 membres (à 5 et 4,000 fr.), assistés d'artistes pour l'établissement des instruments et de calculateurs.

L'Académie de Médecine. — 100 membres titulaires et adjoints et 70 associés étrangers, non résidants ou libres (fonctions gratuites).

INTÉRIEUR.

Ce ministère a dans ses attributions :

Les *dépenses secrètes*, 2,000,000 fr.

Le *télégraphe*, 1,060,000 fr. — 5 lignes : de Paris à

Calais, Strasbourg, Brest, Toulon et Bayonne ; 1,042 stationnaires.

Les *gardes nationales.*

Les *beaux-arts*, 1,800,000 fr., comprenant : l'école des Beaux-Arts de Rome, où sont envoyés les lauréats du concours général ; l'école spéciale de Paris ; le Conservatoire de musique et de déclamation à Paris, et sa succursale à Toulouse ; une école de musique à Lille ; quatre écoles gratuites de dessin, deux à Paris, une à Dijon et à Lyon ; les travaux d'art et de décoration des monuments publics, églises et places publiques, ainsi que la conservation de *anciens* monuments historiques ; enfin les encouragements aux arts, les souscriptions et les subventions annuelles aux théâtres royaux, savoir : l'Opéra, 620,000 fr. ; l'Opéra-Comique, 240,000 fr. ; le Théâtre Français, 200,000 fr.

Les *subventions à divers établissements* :—les Jeunes Aveugles ; les Quinze-Vingts (aveugles) ; l'institution des Sourds-Muets à Paris et à Bordeaux, etc. ; les *secours* aux hospices, aux institutions de charité, aux condamnés politiques, aux étrangers réfugiés, aux orphelins de juillet 1830, de juin 1832, et les secours à *divers titres.*

Les *maisons centrales de force et de correction*, transports des condamnés, etc.

L'entretien des *bâtiments*, du *mobilier*, et autres dépenses des *cours royales.*

Le personnel de l'*administration des départements.* —

Préfets, 3,163,000 fr.; sous-préfets, 2,065,000 fr.; conseillers de préfecture, 483,200 fr.; divers commissaires de police, 100,000 fr. — Le traitement des préfets est de 15 à 36,000 fr. (celui de Paris, 50,000 fr.), et les frais d'administration qui leur sont alloués s'élèvent de 25 à 64,000 fr.; le traitement des sous-préfets est de 3 à 4,000 fr., et les frais alloués sont de 5 à 10,000 fr. — Inspecteurs et agents de divers services.

Les *fonds* dits *départementaux* (voir page 151), qui s'élèvent, y compris les ressources locales et produits éventuels (11,400,000 fr.), à 74,000,000 fr.

254 employés de l'admin. centrale (632,000 fr.).

AGRICULTURE ET COMMERCE.

Les services de ce ministère sont suffisamment indiqués par son titre. Il connaît de tout ce qui concerne le commerce intérieur et extérieur, les manufactures, l'agriculture. Il a donc sous sa direction et surveillance : les haras, les écoles des arts et métiers, les poids et mesures, les établissements thermaux, les lazarets, le service sanitaire, les encouragements à l'agriculture, au commerce, aux pêches maritimes; les secours pour accidents et désastres résultant de grêle, incendies, inondations, et (pourquoi ?) les secours aux anciens colons de Saint-Domingue.

129 employés (381,000 fr.).

TRAVAUX PUBLICS.

Séance de la chambre des députés... du...[1].

M. Arago, rapporteur du projet de loi sur les chemins de fer (résumé de la discussion).... « Nos routes sont dans un état déplorable. Pendant six mois, sur la route de Londres, la diligence a dû passer à travers des jardins, pour éviter la grande route..... sur la route de Châlons à Sainte-Menehould, il est presque impossible de voyager l'hiver (Un député : C'est vrai!)... l'on est obligé d'atteler dix chevaux aux diligences, les voitures versent sans que les carreaux se brisent, tant la route est liquide (adhésion)..... J'étais bien certain de ne recevoir sur ce point de dénégations d'aucune partie de la chambre. » — M. Legrand : pas même de ma part, mais nous nous occupons de remédier à cet état de choses. — Oui, il faut songer à cela, monsieur le directeur général, les ingénieurs sous vos ordres rendront au pays un service immense, etc.

« .....Lorsqu'en 1822 on proposa à la chambre la loi sur les canaux, un député dit au directeur général des ponts et chaussées : « Mais il me semble que vous présentez la loi à rebours ; il faudrait s'occuper des

[1] Du 10 mai 1838.

rivières avant de s'occuper des canaux? » — Le directeur général répondit : « Cela est vrai, mais si je demandais de l'argent pour les rivières d'abord, on ne m'en donnerait pas; une fois les canaux faits, on me donnera de l'argent pour les rivières, afin d'avoir de l'eau dans les canaux.

« Les canaux sont faits, ou à peu près, excepté ceux qui n'auront pas d'eau et qu'on doit alimenter par des puits artésiens, comme on le disait l'autre jour. La navigation étant interrompue dans les rivières, les canaux n'auront pas d'utilité.... »

Le service des ponts et chaussées est dirigé par des ingénieurs dont les longues et fortes études commencent à l'école Polytechnique, et qui individuellement jouissent d'une considération beaucoup plus grande dans le public que dans les colonnes du budget. — Malgré tout ce que l'on peut trouver de vrai dans la séance ci-dessus, même encore aujourd'hui — L'avancement est très rare dans le corps des ponts et chaussées, et les emplois sont peu rétribués; on y compte :

6 inspecteurs généraux, à 12,000 fr.
16 inspecteurs divisionnaires à 8 et 9,000 fr.
4 ingénieurs en chef (secrétaire du conseil, directeur et chef du bureau des plans, directeur de l'école des ponts et chaussées).
19 ingénieurs en chef, directeurs dans les départements, à 6,000 fr.
80 ingénieurs en chef de 1re classe à 5,000 fr.
64 — — de 2e classe à 4,500 fr.
6 ingénieurs professeurs de l'école et secrétaires des sections du conseil.

195 *à reporter.*

195 *de report*.
122 ingénieurs ordinaires de 1re classe à 3,000 fr.
172 — — de 2e classe à 2,500 fr.
166 { aspirants à 1,800 fr.
élèves en mission dans les départements à 1,000 fr.
Plus, d'autres élèves entretenus à l'école.

655

Il est alloué aux ingénieurs et inspecteurs des indemnités pour déplacement, frais de bureau et de tournée; l'ensemble des traitements et des frais divers s'élève à 5 millions.

Sont attachés au même service 155 inspecteurs de la navigation, capitaines, lieutenants et maîtres de port, et 650 conducteurs des travaux.

Le corps des mines est composé de 80 ingénieurs, inspecteurs et professeurs des écoles de Paris et de Saint-Étienne, dont les traitements sont les mêmes que dans celui des ponts et chaussées.

Ces derniers ont le soin de neuf mille lieues de routes en état d'entretien et de réparation (quelques centaines de lieues ne sont que tracées, ou à l'état de lacunes); des divers canaux, quais, chemins de hallage, fleuves et rivières; des ports maritimes (il en existe en France *à peu près* 260 dont plus de la moitié est entretenue aux frais de l'état); et de divers travaux d'art.

Quant aux ingénieurs des mines, lesquelles ne peuvent être exploitées qu'après l'avis approbatif du corps), leur mission est d'analyser les substances minérales soumises à leur examen, de guider l'industrie particulière dans l'exploitation de ses richesses minérales, et, par leurs études et travaux, d'éclairer le gouvernement dans l'ordonnance des lois et réglements sur la matière.

Le ministère des travaux publics a encore dans ses attributions la construction, l'entretien et la réparation des bâtiments civils et édifices publics d'intérêt général.

121 employés de l'admin. centrale (428,000 fr.).

GUERRE.

L'effectif à entretenir pour 1843 a été établi ainsi :

	HOMMES.	CHEVAUX.
Intérieur de la France.	306,000	72,032
Algérie.	38,000	12,256
Total (plus une réserve de 160,000 hommes ayant servi déjà).	344,000	84,288
La dépense générale de cet effectif sera :		
En France, de.	168,827,448	36,512,076
En Algérie, de.	21,718,899	6,517,727
	190,546,347	43,029,803
	233,576,150	

L'armée est composée ainsi :

10 maréchaux, dont un à l'étranger ne recevant aucun traitement (30,000 fr.).

74 lieutenants généraux, inspecteurs généraux, membres des comités, commandants des divisions militaires (2 en Algérie).

135 maréchaux de camp (8 en Algérie) commandant les subdivisions militaires, des écoles, etc.

219 *à reporter.*

219	*de report.*
1,730	colonels, chefs d'escadron et autres officiers d'état-major.
234	intendants, sous-intendants militaires et adjoints.
195	officiers généraux en disponibilité ou en réserve.
16	officiers de l'intendance en disponibilité ou en réserve.
2,394	officiers de tous grades composant l'état-major de l'armée.
15,622	gendarmerie.
210,453	infanterie.
58,294	cavalerie.
29,624	artillerie.
8,509	génie.
6,593	équipages militaires.
4,956	vétérans.
4,334	corps étrangers en Algérie.
1,525	sous-employés des états-majors, sous-officiers et autres militaires hors rang.
1,696	agents des services administratifs en Algérie.
344,000	

Les autres dépenses du ministère de la guerre sont :

Les soldes de non-activité et de réforme; le dépôt de la guerre et les dépenses de la carte de France; les poudres et salpêtres ; les écoles militaires (2,500,000 fr.); les dépenses des invalides à Paris et à Avignon. — 200 officiers; 5,320 sous-officiers et soldats; l'état-major de l'hôtel (97 commandants, adjudants, chefs de chambrée, etc.); le service de santé, du culte et des bâtiments. — Les services civils, 1,700,000 fr., et militaires irréguliers, 5,800,000 fr. en Algérie; les travaux extraordinaires en France (fortifications de Paris et d'autres places, construction de bâtiments, etc.). — En Algérie, travaux de route, de dessèchement, agrandissement du port d'Alger; missions secrètes et surveillance en Algérie, 250,000 fr.

420 employés (1,1800,000 fr....).

MARINE.

Les bâtiments tenant la mer seront :

8	vaisseaux de ligne de 80 à 120 canons.
12	frégates de 40 à 60 canons.
8	corvettes de 16, 24 et 32 canons.
21	bricks de 10 à 20 canons.
26	cannonières, goëlettes, cutters, etc.
12	corvettes de charge de 800 tonneaux.
18	gabares de 450 à 200 tonneaux.
105	bâtiments à voiles. Plus : 12 vaisseaux et 3 frégates en disponibilité de rade et en commission.
35	bâtiments à vapeur de 120, 150, 220, 320 et 450 chevaux.
140	(Ce chiffre n'est qu'une sorte d'aperçu; des circonstances qui surgiront et même de nouvelles dispositions législatives le modifieront.)

L'effectif se compose de

28,230	officiers, maîtres, matelots (équipages), etc.
16,178	infanterie de marine.
4,124	artillerie.
48,532	

Les dépenses de la solde des équipages, de l'habillement, des vivres, du matériel naval, des divers états-majors, s'élèvent à environ 70 millions; le surplus du budget de la marine comprend les dépenses des usines, fonderies, artillerie, travaux hydrauliques, bâtiments civils; les dépenses du service général et local de la Martinique, de la Guadeloupe, de la Guyane française et de Bourbon (8,200,000 fr.); de subventions à nos établissements du Sénégal, de Saint-Pierre et Miquelon, Sainte-Marie de Madagascar (600,000 fr.).

Les travaux extraordinaires sont des travaux à créer ou à continuer dans divers ports.

Les officiers de la marine sont :

2 amiraux (50,000 fr.), 15 vice-amiraux, 24 contre-amiraux, 100 capitaines de vaisseau, 200 capitaines de corvette, 500 lieutenants de vaisseau, 900 enseignes et élèves.

201 employés du ministère (665,000 fr.).

FINANCES.

Ce n'est pas au ministère de la justice, mais parmi les services du ministère des finances, que se trouve la Cour des comptes, dont la mission est de contrôler les opérations de l'administration des finances, et qui pour sa composition, pour la nomination de ses magistrats, se trouve sous l'influence du ministre qui est est pour ainsi dire son tributaire.

Cette cour se compose de :

1 premier président, 25,000 fr.

3 présidents, 15,000 fr.

1 procureur général, 25,000 fr.

18 conseillers-maîtres, l'une des plus belles et des plus faciles fonctions de France, 12,000 fr.

18 conseillers référendaires de 1re classe, 5,500 fr.

62 conseillers référendaires de 2e classe, 2,400 fr.

Les référendaires ont en outre des préciputs et récompenses qui varient d'après le travail de chacun, et que le budget porte en moyenne à 4,750 fr.

1 greffier en chef, 12,000 fr.

La cour a sous ses ordres divers employés et agents ; et ses diverses dépenses s'élèvent ensemble à 1,150,000 fr.

Les dépenses de l'administration centrale des finances s'élèvent à 2,500,000 fr. pour 687 employés, inspecteurs et agens divers; mais non compris (de même qu'aux autres ministères) les huissiers et garçons de bureaux.

Celles du service des monnaies, à 518,000 fr.

Celles de réalisation et mouvement de fonds, à 5,200,000 fr.

Et les traitements et frais de service des payeurs du Trésor, à 1,000,000 fr. — Plus : divers frais de matériel.

FRAIS

De régie, de perception et d'exploitation des impôts et revenus.

Contributions directes.

Traitements fixes, taxations et bonifications (sur les contributions directes) des receveurs généraux et particuliers.	4,080,000	5,080,000	
Taxations sur la centralisation des impôts indirects.	1,000,000		
(Les comptes publiés par l'administration n'indiquent pas le montant des commissions qui leur sont allouées pour mouvements et réalisation de fonds).		»	21,562,700
Remises des 7,000 percepteurs, etc. . .		12,500,000	
Traitements, frais de bureaux et autres des 1,000 directeurs, employés et agents des contributions directes à Paris et dans les départements.		3,982,700	
A reporter.			21,562,700

Cadastre[1] : *Report.*		21,562,700
Centimes départementaux.	1,100,000	2,100,000
Subvention aux départements.	1,000,000	
Enregistrement et timbre : 3,515 directeurs, inspecteurs, receveurs (frais de confection du timbre et achat de papier, 737,000.)		11,596,650
Forêts : 790 employés, conservateurs, inspecteurs, gardes généraux, etc.; 2,520 brigadiers-gardes et gardes forestiers.		5,440,300
Douanes : 3,002 employés et agents du service administratif; 26,097 du service actif : capitaines, lieutenants et autres ; préposés, matelots, etc.		25,075,750
Contributions ind. et poudres à feu, 8,267 agents divers.		24,224,930
Tabacs : 609 agents divers, non compris les ouvriers. Achat de tabacs, frais de confection, de transport, de surveillance, etc.		30,159,573
Postes : 4,560 agents, directeurs et employés (non compris les maîtres de postes) : 301 courriers : 1,276 facteurs ordinaires : 9,300 facteurs ruraux : frais d'administration et de perception.	12,484,831	30,763,065
Transport des dépêches (y compris les dépenses des divers paquebots, dont les équipages ne figurent pas dans le chiffre des divers agents ci-dessus.	18,278,234	
		150,922,968

[1] Le cadastre, dont l'institution remonte à l'établissement de l'impôt foncier, donne géométriquement et par parcelles, l'étendue de toutes les propriétés de chaque département, ainsi que leur valeur, discutée contradictoirement avec les propriétaires. Il fournit de précieux renseignemens à ceux qui veulent acquérir et à l'équitable assiette de la contribution foncière. Cependant il n'est pas établi encore universellement, et les travaux ne sont pas toujours exactement entretenus, modifiés par la constatation des mutations de propriétaires et variations de valeurs. Il faudrait le dégager aussi de l'influence de puissants personnages, intéressés à être classés *désavantageusement par le cadastre*, afin de payer un impôt moindre.

REMBOURSEMENTS, RESTITUTIONS, NON-VALEURS.

PRIMES ET ESCOMPTES.

Remboursements aux communes, pour leurs dépenses ordinaires et extraordinaires, d'une portion des centimes additionnels, sur les contributions directes.	25,000,000	42,114,300
Dépenses à la charge des communes, pour les chemins vicinaux et l'instruction primaire (indépendamment de la portion centralisée dans chaque département et comprise dans les budgets de l'instruction publique et de l'intérieur).	11,060,100	
Non-valeurs, décharges, réductions, réimpositions sur contributions directes. .	6,054,200	
Restitutions d'amendes et de droits divers, reconnus avoir été indûment reçus ou dont la remise a été accordée.		
En matière d'enregistrement.	1,700,000	2,366,000
En matière d'autres impôts indirects. .	666,000	
Répartition de produits d'amendes judiciaires, aux communes et aux hospices. . .	800,000	3,312,000
Id en matière d'enregistrement et de timbre, à divers agents.	100,000	
De délits forestiers.	200,000	
De douanes.	1,200,000	
De contributions indirectes.	1,000,000	
De droits de poste.	12,000	
Distribution aux agents des douanes, de produits nets de droits de plombage, etc.		1,000,000
Restitutions, à la sortie des marchandises fabriquées, de droits qui avaient été perçus à leur entrée en France, et primes d'encouragement.		11,500,000
A reporter.		60,292,300

Report.		60,292,300
Escompte accordé aux redevables de droits de douanes et de consommation des sels : lorsque ces droits dépassent une certaine somme, ces redevables n'usent pas de la faculté de payer à terme, avec des obligations au profit du Trésor, et soldent immédiatement le montant de ces droits.	2,400,000	2,450,000
Id. pour le droit sur le sucre indigène. .	50,000	
		62,742,300

ÉTAT

DES

RESSOURCES QUE LA RÉVOLUTION DE JUILLET

DUT SE CRÉER

EN DEHORS DES RECETTES ORDINAIRES.

Les révolutions coûtent cher, ce qui n'est pas une raison pour qu'elles soient déplorables ; et la révolution de juillet, il faut le reconnaître, a dépensé bien des millions. Mais, pour ne parler que des choses d'argent, héritière des charges légitimes ou fastueuses du règne précédent, elle n'a porté qu'une main timide [1] et quelquefois complaisante sur des abus décorés du nom de *droits acquis* [2]. (On eût dit que la rude besogne des trois jours avait fatigué les douces mains qui se mirent au travail pour reconstituer.) D'un autre côté, elle a eu tout d'abord à se précautionner contre les dangers qui paraissaient la menacer ; à reconstituer un matériel de guerre, plus qu'insuffisant et impropre ; à armer nos places fortes ; à réorganiser ou plutôt à organiser une armée et

[1-2] Voir ci-après les *Notes sur les dépenses premières de la révolution de juillet.*

à la maintenir sur un pied considérable. Enfin, elle avait la mission de *coloniser* l'Algérie. Les ressources ordinaires des budgets ne pouvaient suffire à tant de besoins, il a donc fallu en créer d'extraordinaires, parmi lesquelles le produit des rentes inscrites joue le rôle principal.

L'année 1830 laissait à la dette flottante, dont les allures étaient alors moins faciles qu'elles ne le sont devenues depuis, un déficit dans lequel la révolution de juillet a une part d'à peu près[3]. .	25,000,000
On ajouta 30 centimes temporaires au principal de la contribution foncière, qui ont procuré. . . .	46,400,000
Et l'on fit, ainsi que cela avait eu lieu pendant les premières années de la restauration, des retenues proportionnelles sur le traitement des employés de l'état et des officiers supérieurs de l'armée, pour.	9,800,000
Mais ces ressources étaient insignifiantes; le ministre des finances, qui avait déjà un traité avec la Banque de France pour l'avance de 100 millions, fut autorisé à émettre des obligations *à terme* pour 200 autres millions, et pour les payer, à vendre une quantité suffisante de bois de l'état, dont les aliénations produisirent.	114,300,000
Il fallait de l'argent: et alors il ne serait pas juste d'attaquer trop vivement, dans ce dernier mode de s'en procurer, les facultés de défrichement et autres conditions accordées aux acquéreurs. La réalisation de ces ressources ne suivant pas le progrès des besoins, l'on fit un appel au patriotisme des écus pour un emprunt national au pair, qui n'ayant amené au Trésor public que. .	20,400,000
fut suivi d'un autre appel aux capitaux intelligents qui prêtèrent au taux de 84 fr. . . .	120,000,000
A reporter.	335,900,000

Report.	335,900,000
Puis, pour soulager la dette flottante aux abois, on effectua plus tard un autre emprunt en rentes, à 98,50, pour	150,000,000
Cela étant encore insuffisant, puisque les budgets étaient en déficit : et celui de 1832, pour. . .	25,000,000
Et que d'ailleurs des hommes qui avaient foi et espérance dans la fortune de la France avaient fait adopter, malgré quelques embarras encore, un budget annexe pour des travaux d'exécution et d'achèvement de routes et de canalisation, ou pour la construction moins urgente de monuments, l'on prit à la Caisse d'amortissement, en lui en donnant la rente, les fonds qu'elle avait reçus en bons du Trésor, le crédit public ayant élevé le 5 p. 0/0 au dessus du pair; et de la dette flottante on transporta au livre de la dette inscrite une somme de	154,000,000
Il faut dire aussi qu'on annula les titres de 32 millions de rentes sur celles possédées par la Caisse d'amortissement; mais cette fort bonne opération, qui sera suivie d'autres semblables, il faut l'espérer, ne doit pas entrer dans un compte qui ne présente que le résultat des charges.	
Puis, toujours au profit rétroactif des exercices qui nous occupent, et pour faire rentrer le Trésor dans ses avances, l'on consolida encore en rentes les fonds versés jusqu'à la fin de l'année 1837 par les Caisses d'épargne et de prévoyance (4), ci.	102,300,000
Et en ajoutant à ces recettes extraordinaires les bénéfices réalisés par la Caisse des dépôts et consignations, et qu'on lui a pris.	15,000,000
On arrive pour les trois premiers budgets de la révolution (1831, 1832, 1833), et en dehors des ressources ordinaires, à un chiffre de . . .	782,200,000
A reporter.	782,200,000

Report.		782,200,000
Il faut réduire cette somme du montant de plusieurs dépenses extraordinaires faites pendant le cours des mêmes exercices 1831, 1832, 1833, mais étrangères à la révolution, savoir :		
Entretien de l'armée en Algérie, et autres dépenses que la France eût eu à supporter dans cette colonie, en tout état politique, ci	58,000,000	212,200,000
Travaux publics extraordinaires et d'intérêt général, et subventions aux entreprises des départements et des communes (travaux productifs qui restent).	50,000,000	
Budget annexe dont les dépenses ont été couvertes par les ressources indiquées ci-dessus	94,000,000	
Dépenses sanitaires (nécessitées par le choléra).	10,200,000	
Donc, sans faire entrer dans les déductions les dépenses de fortifications des places, d'approvisionnements et de matériel de la guerre et de la marine, et quelques autres dépenses qui ne se résument pas en sacrifices absolus, mais qui ont créé et produit, la révolution de juillet n'a occasionné qu'une dépense extraordinaire de. .		570,000,000

NOTES

SUR LE COMPTE DES DÉPENSES PREMIÈRES DE LA RÉVOLUTION DE JUILLET.

---

[1] Quelques économies plus ou moins équitables ou raisonnées ont été prononcées sur divers services publics, après la révolution de juillet. La seule bien sensible a porté sur la liste civile, qui de 35 millions en numéraire (y compris la dotation des princes (7 millions), et 3 millions pour les dépenses de la maison militaire du roi) a été réduite à 14. Le traitement des ministres, qui était de 120 mille fr., a été diminué de 40 mille. Les frais de leur premier établissement l'ont été aussi.

[2] C'est vraiment une chose prodigieuse que la puissance attachée à ces deux mots : *Droits acquis!* tour à tour ou harmonieusement invoqués par les ayants droit aux abus ; ils arrêtent fréquemment l'adoption des meilleures mesures. Qu'auraient pu faire nos pères? bon Dieu! si leur marche eût dû se trouver entravée par les droits féodaux et seigneuriaux, la corvée, les dîmes, les justices seigneuriales, l'inégale répartition ou l'exemption des charges publiques, et tant d'autres droits bien acquis par argent comptant, ou par transmission légitime et séculaire.

Le moindre dérangement proposé à l'heureux état actuel, la moindre innovation demandée, la plus timide velléité progressive, si elle touche, non pas à la propriété, mais à une possession souvent contestable, fait pousser des cris plaintifs ou menaçants et sonner la trompe d'alarme au camp des bénéficiaires de l'heureux état actuel. — S'agit-il de réviser les droits de douanes? Vous allez troubler dans leur jouissance des manufacturiers, maîtres de forges ou propriétaires, qui ont le droit immémorial de vous faire payer 3 francs ce qui ne vaut quelquefois que 50 centimes. — Veut-on s'élever contre les sinécures, toujours trop bien logées, payées, entretenues? Vous allez briser des positions respectables, déchirer des contrats de famille basés sur un long et paisible usage. —Parle-t-on, non de faire rendre gorge à des usuriers et pillards, mais seulement de fermer le coffre où ils puisent? Vous allez violer d'autres contrats écrits ou tacites, sanctionnés par les lois ou le temps, et ébranler dans leur base le crédit public et l'état social. — Veut-on supprimer ou diminuer l'abus de ces transmissions de charges et offices qui se vendent et se lèguent comme un pré, une maison, et ouvrir ainsi une carrière à de jeunes et habiles gens? Vous allez voler d'honnêtes huissiers, avoués et agents de change, en leur donnant des collègues qui ne sont d'ailleurs pas dignes de la confiance publique, puisqu'ils n'ont pas 50, 100, 400, 800 mille francs dans leur portefeuille misésérable. — Voulez-vous établir de véritables et sérieux chemins de fer ?— Voici venir les maîtres de postes; et bientôt sans doute les entrepreneurs de messageries.

On se croirait vraiment sur la terre classique de l'immobilité, dans le céleste empire chinois!

Respect donc, hommage et gloire aux droits acquis, sous peine, comme on dit en bon lieu « de se rendre coupable d'une spoliation, « sous peine de rentrer dans la pratique subversive de la révolution : « c'est ce que ne peuvent vouloir des chambres qui savent que « l'anarchie est toujours à nos portes, et qu'elle nous aurait bientôt « envahis, si nous faisions de nos mains la moindre brèche aux prin- « cipes conservateurs des sociétés, etc. »

[8] Cette somme est formée de quelques dépenses du ministère de la guerre et de la différence entre l'importance du prêt de 30 millions fait en 1830 au commerce (de Paris, pourrait-on ajouter), et la portion restant due aujourd'hui au Trésor sur ce prêt; ce reliquat est de 8 à 9 millions, dont la moitié seulement est présumée irrecouvrable. Le sacrifice à cet égard paraissait d'abord devoir être plus considérable.

Ce qu'on a appelé *le Trésor d'Alger*, de la Casauba, ne doit pas figurer dans ces comptes de la révolution de juillet, quoiqu'il apparaisse dans ses budgets : car il n'a pas suffi aux dépenses de blocus, armement, expédition et première occupation qu'elle a eu à solder en 1830.

Voici, du reste, aussi exactement que les comptes officiels permettent de l'établir, les produits de ce trésor :

Valeurs d'or et d'argent, négociées ou employées en nature à Alger et à Paris pour le service des dépenses publiques ; ou fondues et réalisées en espèces à l'hôtel des Monnaies de Paris. — Zoudi-boudjous et réals-boudjous ; quadruples d'Espagne, quadruples dites *perruques* et autres quadruples ; piastres et fragments de piastres ; sequins de Venise et des états Barbaresques ; pièces turques, algériennes, portugaises, péruviennes, mexicaines et françaises ; débris d'ornements, lingots, culot et grenaille. . . . .

Montant du produit des valeurs d'or et d'argent, déduction faite des frais de transport, *et cœtera*. .	47,639,010 84
Vente de marchandises et objets divers provenant du gouvernement algérien.	721,133 22
Reliquat de caisses publiques et saisies de fonds. .	7,137 89
TOTAL des produits provenant de l'expédition d'Alger, et figurant aux budgets à titre de ressources extraordinaires.	48,367,281 95

[1] On a vivement attaqué, lorsqu'elle n'était qu'en projet, la loi du 31 mars 1837 qui charge la Caisse des dépôts et consignations du service des caisses d'épargne. Les causes de ces attaques ont aujourd'hui disparu, ou sont oubliées. La vérité est que la Caisse des dépôts offre aux économies des déposants plus de garanties encore que

le *Trésor*, et (pour pousser les choses jusqu'à l'extrême, mais non au delà du possible) ces immenses dépôts, ayant la Caisse des dépôts pour débitrice, seraient moins menaçants pour l'ordre public, que si les créanciers se portaient en masse au Trésor dont la solidarité avec le gouvernement est si intime, si étroite.

Un bien grave inconvénient cependant, surtout à côté du nouveau régime auquel on soumet la Caisse des dépôts pour l'abandon de ses bénéfices, résulte de la loi du 31 mars. C'est qu'après avoir dépensé les fonds des caisses d'épargne, et en avoir remis la rente à la Caisse des dépôts, on a placé cet établissement dans la nécessité de parer aux remboursements considérables des époques de crise, soit avec les fonds qui lui sont confiés volontairement, judiciairement ou administrativement, soit en vendant, mais alors avec perte (car ces remboursements n'auraient pas lieu dans les moments de calme et de confiance), les rentes qui lui ont été remises au pair, ou celles qu'elle a achetées depuis 1837, quelquefois fort cher, au fur et à mesure de ses recettes. — Le compte courant des caisses d'épargne doit s'élever aujourd'hui à 250 millions, dans laquelle somme les caissses d'épargne de Paris figurent pour près de 90 millions. — Ces nouveaux achats, ces nouvelles consolidations sont une nécessité, car il faut que la Caisse des dépôts utilise ses fonds, puisqu'elle en paye les intérêts aux propriétaires; mais ce qui est fort critiquable, c'est la nature de ces achats :

Elle a acquis de 1838 à 1841 une somme de	1,523,758	de rentes 5 0/0 qui lui ont coûté	34,106,135
et	1,244,748	3 0/0 pour	34,084,448
de sorte qu'il ressort une énorme disproportion de	279,010	en rentes, pour la différence de	21,687
		dans le capital employé.	

Les dangers qui surgiraient des caisses d'épargne en ces temps difficiles où l'administration ne pourrait, sans compromettre la fortune publique, faire droit à de légitimes prétentions particulières, ont été signalés déjà page 96; et la crainte des demandes extrêmes de remboursement, dans les moments de crise, n'est que trop bien justifiée par les faits; elle l'est surabondamment par ce passage d'un discours du président des directeurs et administrateurs des caisses d'épargne de Paris (séance du 12 mars dernier) : « L'horizon politique s'étant « éclairci l'année dernière, et les craintes de guerre et d'émeutes

« s'étant dissipées, les déposants de la Caisse d'épargne n'ont éprouvé « aucune inquiétude, et il n'y a point eu de remboursements extraor- « dinaires. » Mais quoique l'ordre et la probité publique soient engagés dans cette question, cette considération n'est pas la seule qui doive faire regretter la trop grande extension des caisses d'épargne et leurs fautives combinaisons. Les 250 millions qui y sont déposés sont un énorme capital oisif, presque improductif, qui auparavant jetait la vie dans le petit commerce, besogneux et probe. Les déposants qui enterrent leur argent dans les caisses d'épargne n'y trouvent point à prendre de bienfaisantes habitudes d'ordre et d'économie, puisqu'en général ils les possèdent déjà, mais l'amour, la manie de la parcimonie, pour tomber dans l'avarice. Enfin ces dépôts sont une lourde charge pour le Trésor, qui, directement par son compte courant avec la Caisse des dépôts, indirectement par la réduction des bénéfices de cette caisse, en paye les intérêts à un taux plus élevé que n'est celui des bons royaux; et il ne serait pas exact de dire que l'argent des caisses d'épargne se dépensant comme celui des budgets est retourné ainsi dans la circulation : puisque le Trésor a presque toujours eu depuis plusieurs années 150 millions inactifs à la Banque, et fort inutilement; car cet établissement, où l'argent surabonde, en aurait, de par son traité, fourni au Trésor autant qu'il l'eût fallu, et au fur et à mesure des besoins. Indépendamment de ces capitaux oisifs, dont, à la vérité, une partie forme un encaisse nécessaire, beaucoup d'autres ont été arrêtés dans leur productive circulation. — Du reste ce n'est point l'institution même des caisses d'épargne qui est ici attaquée, mais l'exagération de ses conséquences et les malencontreux encouragements qui amènent cette dangereuse exagération.

Les pages de ce livre renferment des incorrections qu'il est inutile de signaler, mais aussi des négligences comme celles-ci :

Page 33. — Cet emprunt (celui d'octobre 1841) est le plus avantageux de ceux que l'Etat ait négociés. — Au lieu de : *l'un des plus avantageux*. — C'est l'emprunt de janvier 1830 (Voir page 31) qui a offert les meilleures conditions.

Page 158. — Les receveurs de l'enregistrement encaissent les 6 derniers articles des produits des forêts. — Au lieu de : *les 7 derniers*.

Page 185. — La taxe d'un journal est de 25 centimes, et celle des imprimés est de 25 centimes (4 et 5 sous). — Lisez : Pour les journaux de 4 centimes et pour les imprimés de 5 centimes par feuille de 25 décimètres.

Le lecteur pourra également être mécontent de diverses omissions et insuffisances (que quelquefois il aura appelées *réticences*). Cela ne serait pas toujours juste. Dans tous les cas, qu'il veuille bien être indulgent pour un essai..., si cet essai est digne de cette indulgence.

TABLE.

Pages.

Pages.

FIN.

www.ingramcontent.com/pod-product-compliance
Ingram Content Group UK Ltd.
Pitfield, Milton Keynes, MK11 3LW, UK
UKHW022041190726
13855UKWH00002B/376

9 782013 242066